Pika Golob

QUÄLENDE GEDANKEN

Eine Kurzgeschichtensammlung

TEXT/RAHMEN

1. Auflage 2017

Illustrationen & Autorinnenporträt: Lucijan Prelog, www.lucijanprelog.com
Schriftgestaltung »TextRahmen«: www.polenimschaufenster.com
Übersetzung: Lisa Mittag
Lektorat Deutsch: Philipp Preiczer
Lektorat/Copyediting: Katrin Nusshold
Umschlaggestaltung und Satz: Dominik Uhl
Druck und Bindung: Druckerei Finidr, Český Těšín (CZE)
ISBN 978-3-9504343-1-6

Pika Golob

QUÄLENDE GEDANKEN

Eine Kurzgeschichtensammlung

DIE VORAHNUNG

Eine Studentenwohnung in der 4. Etage. Es ist 1 Uhr morgens. Aaron liegt auf dem Rücken in seinem Bett, in seine Decke eingemummelt. Seine Mitbewohnerin Clara liegt auf der Couch, die Augen geschlossen. Der Fernseher ist aus.

Aaron: Schläfst du?
Clara: *(seufzt, ein Hauch von Ärger liegt in ihrer Stimme)* Nein.
Stille.
Aaron: Worüber denkst du nach?
Clara: Ich denke über gar nichts nach, ich versuche nur zu schlafen.
Stille. Aaron dreht sich in seinem Bett um.
Aaron: Können wir ein bisschen reden? Ich kann nicht schlafen.
Clara: Aaron, ich bin wirklich müde und muss zeitig aufstehen.
Stille. Der Raum ist ruhig.
Clara: *(mit geschlossenen Augen)* Warum kannst du nicht schlafen?

Aaron: Ich glaube, ich bekomme wieder dieses Gefühl.

Clara: *(seufzt)* Aaron, es wird nichts Schlimmes passieren. Das tut es nie. Das sind nur deine unbewussten Ängste, die jetzt zum Vorschein kommen.

Aaron: Ja, ich weiß. Aber es fühlt sich so verdammt schrecklich an, das kannst du dir gar nicht vorstellen. Ich kann an nichts anderes denken.

Clara: Das ist immer so schlimm, erinnerst du dich? Und dann vergeht ein Tag und nichts passiert.

Aaron: Ja.

Clara: Dann mach doch den Fernseher an, und versuch, mit dem Denken aufzuhören.

Stille.

Aaron macht den Fernseher an.

Der nächste Morgen. Claras Handywecker klingelt. Clara steht auf und sieht zu Aarons Bett hinüber. Es ist leer. Sie macht ihr Handy an und kocht Kaffee. Sie putzt ihre Zähne und ruft anschließend Aaron an. Es klingelt sechsmal, bevor er abnimmt.

Clara: *(nicht sonderlich besorgt, aber nicht gleichgültig)* Wo bist du?

Aaron: Ich bin auf dem Friedhof. Ich hatte noch zwei Stunden lang versucht einzuschlafen und dann bin ich spazieren gegangen.

Clara: Okay. Ich geh jetzt zur Arbeit, in Ordnung?

Aaron: Okay.

Es ist 16 Uhr. Aaron liegt auf der Seite auf der Couch, sein Rücken dem Raum zugewandt. Der Fernseher ist aus. Er hört Clara die Tür aufschließen, eintreten und ihre Schuhe ausziehen.

Clara: Aaron?

Aaron: *(schläfrig)* Ja?

Sie zieht ihre Jacke aus, zieht ihre Hausschuhe an und kniet sich neben die Couch.

Clara: Wie geht's dir?

Aaron: Unverändert.

Clara: Hast du geschlafen?

Aaron: Nein.

Clara sieht ihn für einige Sekunden mit einem undefinierbaren Ausdruck an. Er schaut weg.

Clara: Na ja, gibt es irgendwas zu essen?

Aaron: Ja, da stehen Spaghetti auf dem Herd.

Clara: Cool! *Sie eilt in die Küche und nimmt sich den ganzen Topf Spaghetti, in dem bereits eine Gabel steckt. Sie setzt sich neben die Couch und macht den Fernseher an. Sie isst die Spaghetti, während sie durch die Kanäle schaltet. (Mit dem Blick auf den Fernseher gerichtet):* Also, was passiert diesmal?

Aaron: Jemand wird sterben.

Clara: *(fast scherzhaft)* Na ja, das passiert doch immer, oder nicht? Und wie?

Aaron: *(erschöpft)* Es wird einen Unfall geben.

Clara: *(immer noch fernsehend, sie lässt den Discovery Channel laufen)* Oh, das ist ja was ganz Neues.

Aaron: Mach dich nicht über mich lustig.

Clara: Tut mir leid.

Sie starren beide auf den Fernseher, doch nur Clara folgt der Sendung.

Clara: *(dreht sich zu Aaron, den Mund voller Spaghetti)* Na schön, lass mich noch aufessen, dann hörst du mir eine Weile zu, wie ich über meine Arbeit schimpfe, und anschließend spielen wir Zelda, okay?

Aaron: Okay.

Clara: Und wenn wir fertig sind, schauen wir die Simpsons, okay?

Aaron: *(sein Gesicht jetzt im Kissen vergraben)* Okay.

Clara: Na komm schon. *Sie reibt seine Schultern.*

Es ist halb sechs. Clara bereitet den Gamecube vor, Aaron liegt noch auf der Couch, sein Rücken zum Fernseher. Das Zelda-Intro spielt.

Clara: Hey, alles startklar.

Sie drückt ihm den Controller in die Hand. Aaron dreht sich langsam um und sieht, noch auf dem Rücken liegend, zum Fernseher. Sie beginnen zu spielen.

Sie spielen für etwa zwanzig Minuten, dann klingelt es an der Tür.

Clara: *(noch in das Spiel versunken)* Mist! Ich vergaß. Jean sagte, sie würde nach dem Mittagessen vorbeikommen. *Sie pausiert das Spiel, schmeißt den Controller auf den Boden und geht zur Tür. Sie öffnet sie.*

Jean: Heeey!

Clara: Heeey!

Jean tritt ein und beginnt, die Schnürsenkel ihrer viktorianisch aussehenden Schuhe zu öffnen. Clara lehnt am Tisch und sieht ihr zu.

Jean: Scheiße, ich hatte einen schrecklichen Tag. Hast du Bier? Er geht immer noch nicht an sein Telefon. Er ist immer noch davon überzeugt, dass da was zwischen mir und Bear ist. Scheiße. Ich hab die Schnauze voll davon, mich für etwas zu entschuldigen, was ich nicht getan habe. Er muss über seine verdammte Paranoia hinwegkommen. Die Welt dreht sich nicht nur um …

Sie sieht auf und erblickt Aaron auf der Couch sitzend, in eine Decke eingehüllt.

Jean: Oh … Hi, Aaron.

Aaron: *(ausdruckslos)* Hi.

Jean sieht Clara an. Clara schaut mit einem bekräftigenden Blick zurück und nickt leicht.

Jean: Oh … Also, wir können im Grandé etwas trinken gehen.

Sie beginnt, ihre Schnürsenkel wieder zuzubinden.

Clara: *(geht zu Aaron, kniet sich vor ihn, flüstert ihm zu)* Es tut mir leid. Ich hab total vergessen, dass sie kommt. Ich kann sie jetzt nicht einfach rauswerfen.

Aaron: Ist schon gut.

Clara: Du sagst immer, es macht keinen Unterschied, ob jemand bei dir ist oder nicht.

Aaron: Ja.

Clara: Okay. *Sie sieht ihn noch ein paar Sekunden lang an, dann steht sie auf. Sie wendet sich Jean zu.* Gib mir nur eine Minute, okay?

Jean: Cool.

Aaron liegt auf dem Rücken und schaut in Richtung Fernseher. Jean steht unbeholfen herum und versucht, keinen Blickkontakt herzustellen. Er zieht sich die Decke über den Kopf.

Aaron: SCHEISSE! *Er schmeißt die Decke auf den Boden und steht auf.*

Clara: *(aus ihrem Zimmer)* Was ist los?

Keine Antwort.

Clara: Jean, was ist los?

Jean: Ich weiß nicht, er geht auf und ab.

Clara: Ich bin gleich da.

Clara kommt eine Minute später ins Zimmer. Aaron geht vor der Couch auf und ab. Sie geht auf ihn zu.

Clara: Geht es dir gut?

Aaron: *(immer noch in Bewegung)* Nein. *Sein Gesicht ist farblos.*

Clara: Willst du, dass wir hierbleiben?

Aaron: Nein.

Sie geht ihre Schuhe anziehen. Sie flüstert Jean zu.

Clara: Das macht er jedes Mal. Er wird sich schon wieder beruhigen. Es gibt nichts, was wir tun können.

Sie hat ihre Schuhe an und lehnt sich ins Wohnzimmer. Aaron geht immer noch auf und ab. Wir gehen jetzt.

Aaron: *(mit dem Gesicht zum Boden)* Okay.

Sie gehen.

Es ist 23 Uhr und Clara ist auf dem Nachhauseweg. Sie geht zum Friedhof, um zu sehen, ob Aaron dort ist.

Sie ist angetrunken. Sie läuft über den leeren Friedhof, bis sie nervöse Schritte hört.

Clara: Aaron?

Aaron: *(mit zitternder Stimme)* Was?

Clara: Na komm, lass uns nach Hause gehen.

Er läuft ohne ein Wort auf sie zu und an ihr vorbei. Sie folgt ihm. Als sie an ihrer Wohnung ankommen, wartet Aaron darauf, dass Clara ihre Schlüssel findet und die Tür aufschließt. Sie gehen hinein. Clara zieht ihre Jacke aus und hängt sie auf einen Bügel. Aaron wirft seine über einen Stuhl. Er macht sich auf den Weg in Richtung seines Betts, als sie ihn stoppt.

Clara: Ich werde dich jetzt umarmen, okay?

Seine Schultern zucken kaum wahrnehmbar. Seine Augen sind kalt und traurig. Sie umarmt ihn. Er bewegt sich nicht. Als sie fertig ist, geht er zu seinem Bett und legt sich auf den Rücken.

Clara: *(aus der Küche)* Ich mach dir einen Tee, okay?

Aaron: *(leise)* Ich hasse Tee.

Clara: *(hört ihn nicht)* Ich weiß, du hasst Tee, aber vielleicht wird er ein bisschen helfen.

Sie setzt eine Kanne Wasser auf, geht ins Wohnzimmer, setzt sich auf die Couch und macht den Fernseher an.
Sie schaut eine Weile den Disney Channel, dann sieht sie zu Aarons Bett.
Clara: Schau, der Tag ist fast vorbei. Morgen geht's dir wieder gut. Dir geht's am nächsten Tag immer gut.
Aaron: Ich weiß. Das hilft aber nicht.
Clara sieht weiter fern und schläft innerhalb von zehn Minuten ein. Aaron geht in die Küche, macht den Herd aus und geht zurück ins Bett. Seine Brust fühlt sich an, als würde sie explodieren.
Um 3 Uhr morgens schläft er endlich ein. Die Wohnung ist dunkel und still.

In der Wohnung unter ihrer weint ein achtjähriger Junge. Das Licht brennt in allen Zimmern, der Fernseher ist an, das Radio ist an, der Computer ist an. Er sitzt auf dem Fußboden, hält die Hand seines Vaters. Er sieht zu dem Spielzeugauto unter dem Schrank. Die Schuld stiehlt ihm den Atem. Allmählich dämmert ihm die Erkenntnis. Jetzt … bin ich … völlig allein. Er weint stumm, aber verzweifelt. Die Worte seines Vaters klingen in seinem Kopf nach: »Räum dieses Spielzeug weg, sonst bricht sich noch jemand das Genick.« Bricht. Das. Genick.

Der nächste Morgen. Clara wacht auf. Der Fernseher läuft noch und sie trägt immer noch ihr Shirt und ihre Jeans. Sie erinnert sich an den vorigen Tag. Sie steht auf, springt auf Aarons Bett und umarmt seine Beine durch die Decke hindurch.
Clara: Wach auf, Prinzessin, der Fluch ist aufgehoben!
Aaron öffnet langsam die Augen und sieht Claras gezwungenes, aber tröstendes Lächeln. Er lächelt leicht.
Aaron: Ja …

Clara: Ja! Scheiße, ja!

Aaron: *(noch immer lächelnd)* Ich bin geheilt, jetzt geh von mir runter.

Clara lächelt ihn an, geht vom Bett runter und Zähne putzen. Eine Minute später ruft sie aus dem Badezimmer, den Mund voller Zahnpasta.

Clara: Siehst du, es war wie letztes Mal. Nichts ist passiert, allen geht's gut.

Aaron: *(jetzt aufrecht sitzend, zum Fernseher blickend)* Ja … Es fühlt sich aber immer so real an. Ich kann wirklich nichts machen, wenn es mir passiert. Verstehst du?

Clara: Ich weiß.

Im Fernsehen läuft eine Werbung für »Einfach überirdisch!«

Clara: *(scherzend)* Lass uns hoffen, dass du niemals recht hast.

Aaron: *(lächelt)* Sehr witzig. *Er schaut weiter fern.*

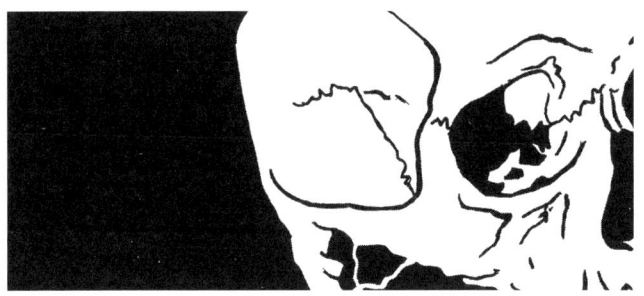

GERALDS GEHEIMNIS

»Ich ... ich brauche einen Moment«, sagte Gerald mit brechender Stimme. Wir alle nickten im Einverständnis. Es war kurz still. Er legte seine zitternden Hände auf den Tisch, um sie ruhigzustellen. So verblieb er einige Momente, sein Gesicht gezeichnet von einem Ausdruck dezenten Schreckens. Er schloss die Augen und atmete tief durch die Nase ein. Plötzlich hob er den Kopf und sah Farrow, der ihm gegenüber saß, direkt an. Sein Gesicht schien verändert. Alle Zeichen der Unruhe waren verflogen. Er begann, seine Geschichte zu erzählen.

»Ich bin mir sicher, ihr alle erinnert euch an meine Verhaftung. Wie ihr wisst, vernahmen sie jeden Einzelnen in der Stadt. Bis zu diesem Zeitpunkt hatte ich noch nicht einmal von den Schwestern gehört ... Ihr wisst, ich spreche selten mit den Leuten in der Stadt. Wie dem auch sei ...«

Gerald holte ein zerfranstes Stück Papier hervor, welches er offensichtlich lange Zeit in seiner Tasche getragen hatte. Es war viermal gefaltet, die Faltkanten alles andere als unsichtbar von den zahlreichen Malen, die es begutachtet worden war. Er legte es vor sich auf den Tisch und begann zu lesen:

»Vom 5. November bis zum 12. November, eine Woche vor den Morden, verließ Herr Price nie sein Haus. Seine Frau informierte uns, dass er sich die ganze Woche in seinem Arbeitszimmer eingeschlossen hatte und lediglich eine dürftige Mahlzeit am Tag zu sich nahm. Sie erklärte zwar, dass ihr Ehemann dies häufig tat, doch wir nehmen an, sie sagte das nur, um ihn zu schützen. Interessanterweise geschah es am Tag nach den Morden, dass Herr Price nicht nur seine Abschottung beendete, sondern auch in bester Laune in Mindy's Taverne gesehen wurde, wo er allen ein Getränk spendierte. Einige Dorfbewohner hatten diese Art von Verhalten bereits zu anderen Anlässen beobachtet, immer nach einem Todesfall im Dorf. Herr Price ist ganz gewiss ein eigenartiger Mann mit einer seltsamen Verbundenheit zum Tod. Wir sind zu dem Schluss gekommen, dass es sich wie folgt abspielte: Die Tage der Abschottung wurden mit sorgfältiger Planung verbracht, denn wie wir wissen, waren die Morde sehr komplexer Natur. Am Tag der Morde verließ Herr Price sein Arbeitszimmer durch das Fenster, ließ das Licht brennen, um sich ein Alibi zu verschaffen, und ermordete die Schwestern auf die uns bekannte, grausame Art. Das Motiv bleibt ein Rätsel, da die viertausend Franken in Gold, die die Schwestern besaßen, unberührt zurückgelassen worden. Jedoch müssen wir aufgrund von Herrn Prices Verhalten vor und nach dem Ereignis davon ausgehen, dass er sehr wahrscheinlich der Täter ist.«

Gerald faltete das Papier und steckte es zurück in seine Tasche.

Ja, wir alle erinnerten uns an diesen schrecklichen Winter. Sie belästigten Gerald jeden Tag, zuerst die Polizei, dann der Bürgermeister und schließlich die Stadtbewohner. Wir alle sagten vor Gericht für ihn aus. Aufgrund eines »Mangels an Beweisen«, wie sie es nannten, wurde er gegen Ende Dezember endlich entlassen. Das war der Winter, in dem er und Fay in das alte Landhaus auf der anderen Seite des Sees zogen.

»Ich habe mich dazu entschlossen, euch mein sonderbares Verhalten zu erklären. Ich habe es niemals jemandem erzählt und wie ihr gleich einsehen werdet, würde das auch keiner von euch tun, wärt ihr in meiner Position. Es geht mit zu viel Verantwortung einher … Die Misshandlung, die ich durch die Leute in der Stadt erfahren habe, ist nichts im Vergleich zu dem, was ich ertragen müsste, wenn ihnen mein Geheimnis bekannt gewesen wäre. Zuallererst muss ich euch sagen, dass ich nicht mit dieser … Heimsuchung geboren wurde. Die habe ich erst später, als junger Mann, erworben.

Wie ihr alle wisst, habe ich die Tapferkeitsmedaille für meine Leistung im Krieg erhalten. Nun ja, die Wahrheit ist wesentlich weniger beeindruckend, als ihr euch vorstellt. Das Folgende ist, was wirklich am Strand dieses verdammten französischen Flusses geschah.

Es war der 1. Juli 1916 und ich war 15 Jahre alt. Wir lagen in einem nassen Schützengraben und warteten auf Anweisungen. Es war Morgen, doch der Beschuss verlieh dem Himmel über uns eine dunkelgraue Färbung. Ein junger Soldat neben mir, unaufhörlich weinend, versuchte, mir etwas zu sagen, doch ich konnte kein Wort von dem, was er sagte, hören … nur das von Menschenhand erschaffene Donnern, das überall um uns herum grollte. Wir warteten eine gefühlte Ewigkeit. Stunde um Stunde ununterbrochener Krach, Explosionen, die uns in schweren Dreck hüllten, und unmenschliche Schreie, die in dieses orchestrale Gemetzel einstimmten. Dann endlich kam der Befehl.

›Angriff!‹ Wir? Wen? Alle Soldaten kletterten behände aus dem Schützengraben und rannten, als ob sie einer mütterlichen Umarmung entgegenlaufen würden. Sie machten sich nichts vor. Sie wussten, dass sie in ihren Tod rannten. Sie konnten es nicht erwarten. Ich erhob mich, um ihnen nachzulaufen, und mein Equipment zog mich sofort zurück auf den Boden des Grabens. Es war, als würde ich eine Ladung Blei heben. Ihr müsst bedenken, dass ich nur ein Junge war, nicht mehr als Haut und Knochen. Ich versuchte erneut, mich aufzurichten. Ich konnte mich nicht bewegen. Ich versuchte es, ich versuchte es wirklich. Ich habe all meine Kraft hineingesteckt, all meinen Willen, den ich in den Tiefen meines schwachen Herzens noch übrig hatte. Schließlich wartete der Tod dort draußen auf mich – der schöne, vergebende Tod. Kein Schmerz mehr, kein Hunger, keine Schreie, nur das Nichts …

Ich lag dort auf meinem Rücken, die schwerfällige Ausrüstung fesselte mich an den Boden. Ich sah in den mit Rauch gefüllten Himmel, Kugeln flogen, Explosionen überall um mich herum … Plötzlich begannen alle Geräusche auszuklingen … Ich dachte, dass ich vielleicht dabei bin zu sterben … Vielleicht …

Uff! Ein Körper landete auf mir. Ich zuckte heftig zusammen und versuchte, ihn von mir herunter zu bekommen. Es war der Körper eines Jungen, wie ich selbst. Ein Schuss in den Bauch. Ich versuchte, ihn wegzudrücken, aber er war zu schwer. Meine Hände waren zu schwach. Ich konnte nicht … Ich tat mein Bestes, Tränen der Inkompetenz strömten aus meinen Augenwinkeln hinab zu meinen Ohren. Ich konnte nicht – ich … ich gab auf.

Wir lagen dort, sein Gesicht auf meiner Schulter – wie eine Mutter, die ihren Sohn tröstet – sein Blut und seine

Gedärme liefen zwischen meinen Beinen herunter … So wie wir dort lagen, ich und mein lebloser Freund, jenseits von Hoffnungslosigkeit … fiel ein weiterer Körper auf uns … und noch einer … und noch ein weiterer … und noch einer … Ein Haufen aus Fleisch waren wir, ich und meine reglosen Freunde. Einige von ihnen stöhnten noch, während die letzten Funken ihres Bewusstseins verglühten. Ich konnte ihr Blut riechen, ihren Schweiß, ihre Scheiße, ihr Leben, das sie verließ. Ich übergab mich, bis nichts mehr in meinem Magen übrig war. Darauf läuft es schließlich hinaus. Wir sind nichts als ein Haufen Fleisch. Ich lag dort für unendliche Stunden, roch ihr Blut, ihren Schweiß, ihre Scheiße, ihr Leben, das sie verließ. All ihre Flüssigkeiten liefen mein Gesicht herunter und mein Körper war von menschlichen Innereien durchnässt. Ihr Gewicht drückte auf meine Brust und mein Gesicht … Ich konnte kaum atmen … und die Luft war schwer vom Geruch des Todes. Der Tag wurde zur Nacht, die Nacht zum Morgen. Sie wurden kälter. Schlafen konnte ich nicht. Ich hatte es nicht einmal bemerkt, doch irgendwie war der Kampf vorbei.

Der Rest des Krieges ist verschwommen. Als ich zwei Jahre später nach Hause zurückkam, unterzog ich mich zahlreichen medizinischen und psychologischen Tests. Bis auf den völligen Verlust meines Geruchssinns konnten sie nichts besonders Schlechtes an mir feststellen. Depression ist weit verbreitet unter ehemaligen Soldaten, daher schenkte ihr niemand großartig Beachtung, nicht einmal ich selbst. Erst später gelang es mir, die exakte Ursache für meine Niedergeschlagenheit zu benennen. Etwa ein Jahr nach meiner Rückkehr begann ich, es zu bemerken … Die permanente Vorahnung, ein quälendes Bauchgefühl, dessen Echo in meinem Kopf mit jeder Minute an jedem Tag klarer wurde und sich allmählich von einem kaum wahrnehmbarem Schrecken ausgehend von meiner Brust zu einem einzigen zweifellosen Gedanken entwickelte: ›Jemand, den du liebst, wird sterben.‹

›Kriegsneurose‹, sagten sie. Nicht einmal Fay wollte mir glauben. Sie schickte mich zu einem Psychologen. Nun ja, die Geschichte kennt ihr alle. Ihr könnt euch nicht vorstellen … niemand kann sich meine Bestürzung vorstellen. Der Geruch … Ich hatte immer Angst, dass es Fay treffen würde. Ich habe immer noch Angst. Schließlich konnte ich nie vorhersagen, wer …

Und dann … jedes Mal, wenn jemand in der Stadt starb, kam eine Erleichterung über mich, die an Ekstase grenzte. All die Spannung und Beklemmung wichen der Glückseligkeit. Es war, als ob – nein, es war ganz genau so – als würde ich aus einem schrecklichen Traum erwachen. Der Geruch … war verflogen.« Geralds Augen glühten vor Freude.

»Nun wisst ihr also, Freunde, dass mein sonderbares Verhalten kein Ausdruck von Wahnsinn, sondern von himmlischer Erleichterung war. Jedoch hält diese Euphorie nur bis zur nächsten erdrückenden Vorahnung, die manchmal schon nach kurzer Zeit und manchmal erst nach Monaten wiederkam – doch ihre Rückkehr ist stets gewiss.«

Gerald hob seinen Kopf und sah mir direkt in die Augen: »Was hättest du getan?«

Der Raum war still.

Er schrie verzweifelt: »Es gab nichts, was ich hätte tun können … Nichts!«

Gerald starrte schwer atmend auf den Tisch, sein Gesicht mit Tränen überflutet. Plötzlich, als ob er aus einer Trance erwachen würde, fuhr er leise und ruhig fort:

»Doch jetzt ist es nicht mehr wichtig. Diesmal weiß ich, wer sterben wird. Und es beschert mir eine Erleichterung, die über alle irdischen Freuden hinausgeht. Der Geruch ist penetranter denn je … und ich atme seinen faulen Gestank mit großer Freude ein, denn ich weiß jetzt, dass ich endlich von diesem Fluch befreit werde. Ihr müsst wissen, mein eigener Tod … hat einen süßlichen Duft.«

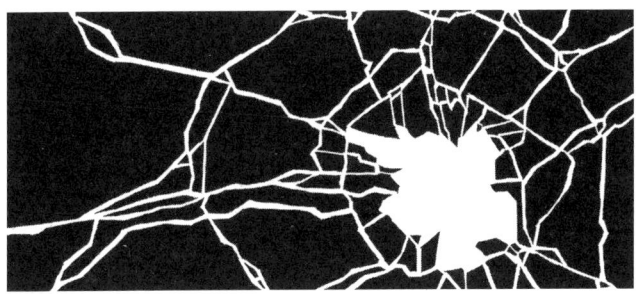

VERZEHRT

Es war jetzt 17 Uhr. Wir versuchten noch immer, jeglichen Augenkontakt zu vermeiden und taten so, als würden wir nicht bemerken, dass da noch andere Menschen im Wartezimmer waren. In Wahrheit hätten wir uns unserer gegenseitigen Anwesenheit nicht bewusster sein können. Man konnte kaum in einem Leben all seine Kollegen treffen, da die Räumlichkeiten wirklich riesig waren, doch an diesem Tag, in jenem Raum, herrschte ein erschreckendes und tiefgreifendes Verbundenheitsgefühl zwischen uns. Wir alle waren schuldig – doch welcher Tat? Wir alle erwarteten Bestrafung – doch welcher Art?

Es gab keine Lektüre im Wartezimmer und wir mussten unsere Telefone abgeben, bevor wir eintraten. Sie sagten uns, sie würden sie uns später wiedergeben. Die Tür, durch die wir gehen sollten, war nichts Besonderes. Sie schien fast wie die Tür zu jemandes Wohnung. Über ihr war eine Nummer – 261521 – und an ihr hing ein Zettel mit der Aufschrift: »Nicht klopfen – Ihre Nummer wird aufgerufen«. Das einzig Beunruhigende an dieser Tür war die Türklinke – es war ein Knauf, der nicht von außen geöffnet werden konnte. Ich fragte mich, ob es auch innen einen Knauf gab.

Wir warteten bereits seit zwei Stunden. Es schien jedoch viel länger, da zwar Menschen hineingingen, aber niemand herauskam – sie mussten den Raum durch eine andere Tür verlassen.

Es schien sehr merkwürdig, dieses GWT-Programm – so viele Menschen hatten es durchlaufen und doch wusste niemand, was es eigentlich war. Einmal fragte ich meine Mutter, wie es war. Nach einem kaum wahrnehmbaren Zusammenzucken sagte sie in ihrer beruhigendsten Stimme: »Weißt du, ich erinnere mich gar nicht, Schatz. Niemand tut es.« Ich wusste, dass sie das sagen würde, aber meine Verwunderung ließ nicht nach. Alle schienen von der Tatsache unberührt, dass 40 Prozent der Menschen danach Suizid begingen.

Da war nur ein kollektiver Gedanken im ganzen Wartezimmer: »Gehöre ich zu den 40 Prozent?« Ich glaube, es war gut, dass sie uns mitten am Tag riefen, ohne vorherige Ankündigung. Hätte ich eine Woche gehabt, um darüber nachzudenken, hätte ich vermutlich nicht bis heute durchgehalten.

Während ich darüber nachdachte, fiel mir etwas Merkwürdiges auf: Niemand weinte. Nicht eine einzige Person. Das kam mir bis dahin überhaupt nicht in den Sinn. Wir hatten alle noch einen Schock, nehme ich an.

Da meine Gefühle bereits mehrfach von schierer Verzweiflung zu leidenschaftlichem Optimismus und zurück übergegangen waren und ich die grauen Flecken auf dem Linoleum unter meinen Füßen schon dreißig Mal gezählt hatte, wurde meinem Kopf nun langweilig. Ich sah zum ersten Mal auf.

Im selben Augenblick hob auch der mir gegenüber sitzende Mann das Gesicht und völlig ohne Erlaubnis unserer Gehirne trafen sich unsere Blicke. Es war ein Desaster. Das Wohlbehagen, an dem ich die letzten zwei Stunden gearbeitet hatte, war von dem flüchtigen Blick eines korpulenten, schnurrbärtigen Mannes komplett ruiniert. Sofort begann ich, das hinter ihm hängende Diagramm zu begutachten. Ich sah es aufmerksam an. Der Mann schaute jedoch nicht weg. Er sah immer noch in meine protestierenden Augen und ich konzentrierte mich weiter auf das Diagramm, obwohl ich nicht ein Wort lesen konnte – ich trage meine Brille nie. Da war etwas Wertendes in seinem Starren. Ich fühlte mich irritiert, obwohl ich wusste, was er dachte. Tatsächlich war ich irritiert, gerade weil ich wusste, was er dachte: »Ist er nicht ein bisschen zu jung, um hier zu sein?«

Ich war der Jüngste im Raum, ganz klar, aber darauf musste nicht extra hingewiesen werden, nicht mal mit einem Blick. Ich war wütend auf ihn, weil er mich fast in Tränen ausbrechen ließ. Die Wut war eine nette Abwechslung zum unterdrückten Geheule. Schließlich entließ er mich aus dem Griff, in dem er mich mit seinen Augen festhielt, und schaute wieder nach unten.

Ich entschloss mich, alle anderen Diagramme genauso zu betrachten. Es ist erstaunlich, wie hungrig das Gehirn für Stimuli sein kann und wie schnell man sich ohne sie fühlt, als würde man verrückt werden. Sobald ich mir sicher war, dass eine Person völlig in ihre Gedanken und ihr eigenes Stück Linoleum versunken war, würde ich sie mir genauer ansehen.

Das erste Subjekt war ein Geschäftsmann, der ganz klar zu viel Aufwand in sein Äußerliches steckte. Sein Haar war perfekt getrimmt und sein Anzug sah aus, als wäre er aufgemalt. Er sollte offenbar jemand »Wichtiges« sein. Ich liebe es, solche Menschen zu sehen, wenn sie hilflos sind. Ich finde, dass sie nur dann wirklich aufrichtig sind. Ich hoffe immer, dass sie eine Art Offenbarung haben werden, die ihnen zeigt, was für schreckliche Menschen sie bis zu jenem Zeitpunkt gewesen sind, und die sie dann für immer verändert. Ich ärgerte mich, wenn ich ihn bloß ansah, also zog mein Blick weiter.

Ich sah auf das Diagramm neben seinem. Es war das größte im Raum. Ich konnte sogar den Titel erkennen: »Humanressourcendiagramm«. Dieser Begriff ließ mich immer erschaudern. Unter dem Diagramm war eine Frau mit Brille in einem zusammenpassenden braunen Anzug und Rock, der gerade bis über die Knie reichte – sehr seriös. Sie konnte nicht älter als 27 sein, aber sie versuchte aus irgendeinem Grund, älter auszusehen. Sie war schön – auf eine langweilige Art. Ihre braunen Haare waren so streng zurückgebunden, dass sie nicht in der Lage war, einen erkennbaren Gesichtsausdruck zu formen – abgesehen von desinteressierter Langeweile, was offenbar der Sinn war. Du konntest auch erahnen, dass sie diesen seit vielen Jahren geübt hatte und sehr gut darin war. Sie seufzte laut, als wolle sie sagen: »Ich hab hierfür keine Zeit, das ist offensichtlich ein dummer Fehler.« Aber sie wusste ganz genau, dass das nicht stimmte.

Viertel vor sechs. Mein Hintern wurde schon taub. Ich wäre am liebsten aufgestanden, doch ich wollte nicht von allen angestarrt werden. Also blieb ich sitzen.

Plötzlich, ganz ohne vorher vernehmbare Stimmen oder Schritte hinter der Tür öffnete diese sich. Es ließ uns alle zusammenzucken, denn das war das erste Geräusch, das wir in fast drei Stunden gehört hatten. Die Empfangsdame hatte ein angenehmes Erscheinungsbild (scheinbar hatte ich aus irgendeinem Grund ein ernstes, altes Weib erwartet). Sie trug einen grauen Hosenanzug, der sie mehr wie eine Büroangestellte als eine Krankenschwester aussehen ließ. Du konntest erkennen, dass sie sich der Ungeheuerlichkeit ihrer Rolle bewusst war. Sie verkündete: »Nummer 494208919«. Mehrere Leute hoben ihre Köpfe und begannen, den Raum mit den Augen abzusuchen. Sie stellten ihr perverses Vergnügen, den zum Tode Verurteilten auf seinem letzten Gang anzustarren, über den Anstand, ihn glauben zu lassen, dass keiner zusieht.

Ich stand auf. Es fühlte sich genauso an wie einer von diesen Nackt-in-der-Öffentlichkeit-Träumen. Ich weiß nicht, was mich mehr gestört hat – ihr Mitleid oder ihre Erleichterung. Zumindest war Letztere aufrichtig, während es Ersteres nicht war. Als ich anfing, auf die Frau zuzugehen, bemerkte ich, dass meine Beine eingeschlafen waren. Gewillt, dies zu verbergen, ging ich weiter, bis die spitzen Krämpfe in meinen Beinen mich aussehen ließen, als hätte ich Zerebralparese. Super, dachte ich, noch mehr Mitleid. Ich war fast erleichtert, den Raum zu verlassen.

Ich betrat das Zimmer der Empfangsdame und sie schloss die Tür hinter mir. Die Tür hatte keinen Knauf – es war eine normale Türklinke. Sie sagte, ich solle mich setzen. Zeit verging. Sie schrieb etwas auf ihr Klemmbrett. Ich sagte mir selbst, dass sie nur kritzelt, um die unbehagliche Stille zu entschärfen.

Der Raum war sehr mäßig eingerichtet. Es gab einen Schrank, einen Tisch, zwei Stühle, zwei Türen, eine Lampe und eine Topfpflanze. Er sah aus wie ein unvollendetes AutoCAD-Bild. Er hatte kein Fenster. Wahrscheinlich damit wir nicht wussten, auf welcher Etage wir waren. Der Raum hatte dieses Krankenhaus-Grün, das beruhigend wirken soll, jedoch äußerst deprimierend ist.

Sie kritzelte noch ein wenig und dann, ohne jegliches Signal vom Arzt, sagte sie: »Sie können jetzt reingehen.« Das sagte sie so beiläufig, dass ich dachte, sie glaubt wirklich, dass sie nur eine Empfangsdame in einer Arztpraxis war. Sie war entweder ernsthaft vergesslich oder eine außergewöhnlich gute Schauspielerin, schließlich war das ganz offensichtlich kein gewöhnlicher Arztbesuch. Ich sah zu der Tür hinter ihr. Eine gewöhnliche Türklinke. Ich stellte eine dumme Frage: »Da durch?« Dieses Verhalten offenbar gewöhnt, ignorierte sie mich, stand auf und öffnete die Tür selbst. Ich stand auf – meine Beine waren mittlerweile aufgewacht, abgesehen von einer leichten Taubheit – und ging zu der Tür auf der anderen Seite des Raumes. Sie folgte mir in das nächste Zimmer, was ich recht merkwürdig fand, und ich fragte mich nach der eigentlichen Bedeutung des »Empfangsraumes«. War es nur ein Test?

Wir betraten das Zimmer. »Ist das ein Witz?«, dachte ich. Der Raum wirkte inszeniert. Er sah aus wie eine Szene aus einem schlechten Science-Fiction-Film. Er war widerlich steril und bis auf einen merkwürdigen Apparat in der Mitte leer. Der Apparat war etwa drei Meter hoch und anderthalb Meter breit. Er hatte einen bequemen Sitz, ähnlich dem eines Zahnarztstuhls, und eine große Kuppel, die von hinten bis über den Sitz nach vorn reichte. Links daneben stand ein großer Mann in einem engen, grünen Schutzanzug, der die Maschine offenbar bediente. Die Abwesenheit eines weißen Doktorkittels ließ ihn weniger furchterregend erscheinen – ein cleverer Trick, dachte ich. Er war blond und Ende dreißig. Auch er hätte ein fantasieloses, computergeneriertes Bild sein können. Er hatte das Lächeln, das ein Kinderarzt aufsetzt, kurz bevor er dir eine Spritze gibt. Als Kind habe ich dieses Lächeln geliebt, obwohl ich selbst da schon wusste, dass es eine Lüge ist. Es tröstete mich. Doch nicht jetzt. Jetzt machte es mich nervös. Instinktiv wich ich einen Schritt zurück. Ich rempelte der Empfangsdame, die dicht hinter mir stand, gegen die Brust. Ich drehte den Kopf, um die Türklinke zu sehen. Knauf. Ich begann zu schwitzen. Meine Gedanken rasten. Ich fühlte mich gefangen. Der Mann konnte das sehen. Er trat näher und sagte ruhig: »Machen Sie sich keine Sorgen, es wird in einer Sekunde vorbei sein.« Die ihm dabei fehlenden Muskelbewegungen machten mich nervös. Die Empfangsdame wurde zur Assistentin: Sie ging zu der Maschine und begann, den Sitz einzustellen. Zum ersten Mal nahm ich die Gurte wahr. Der Mann sah, dass ich sie anschaute. Er bemerkte: »Die sind notwendig, damit Sie sich nicht selbst verletzen. Das Verfahren kann unbeabsichtigte Muskelkrämpfe hervorrufen und Sie könnten sich verletzen, wenn Ihre Arme und Hände nicht festgeschnallt sind.« Er sah so aus, als würde er wirklich glauben, dass ich mich dadurch besser fühlen könnte. Die Assistentin nickte ihm zu. »Sie können sich jetzt hinsetzen«, sagte er. Er machte sogar eine geleitende Geste. Machte ihm das Spaß? Langsam näherte ich mich dem Sitz. Ich sah ihn mir einen Moment lang an, nahm dann einen tiefen Atemzug und stürzte mich hinein, als ob ich von einer Klippe in ein ungewiss tiefes Gewässer springen würde. Die Assistentin schnallte mich fest – zuerst meine Beine und dann meine Arme. Ich fühlte mich so hilflos. Mein Schweiß begann auf meinem Shirt sichtbar zu werden. Ich hasse Schweißflecke. Ich hasse diese Preisgabe von Angst. »Kann ich irgendein Beruhigungsmittel bekommen?«, fragte ich, und versuchte, meinen Schrecken zu verstecken, doch meine zitternde Stimme verriet mich. »Es tut mir leid. Ein Beruhigungsmittel würde das Verfahren beeinträchtigen. Sie müssen versuchen, sich zu entspannen. Es wird in einer Sekunde vorbei sein.« Ich versuchte, nicht zu weinen. Meine Mitheuchler aus dem Wartezimmer sollten mich jetzt sehen. Meine vorsichtig aufgebaute Fassung wich schließlich einer schmerzhaft ernsten Furcht. Die Assistentin begann, die Kuppel zu senken. »Hey!«, sagte ich. Sie hielt inne. »Bekomme ich keinerlei Narkose?« Der Mann lächelte: »Das ist keine Operation. Betrachten Sie es als einen Hirnscan – wobei die gewonnen Informationen anschließend natürlich sofort gelöscht und ausschließlich Ihnen bekannt sein werden. Jetzt versuchen Sie, sich zu entspannen!«

Die Assistentin senkte die Kuppel. Völlige Dunkelheit umgab mich. Alles, was ich wahrnehmen konnte, war ein leises, summendes Geräusch. Ich hatte entsetzliche Angst. Das Ding war schallgeschützt. Ich konnte nicht hören, was der Arzt und seine Assistentin taten, und meine Fantasie spielte mir Streiche. Ich war davon überzeugt, dass ein Stachel aus der Dunkelheit kommen und sich in einem meiner Augen einnisten würde. Ich versuchte zwanghaft, mich zu beruhigen, doch mein Gehirn stellte sich quer – es wusste, dass ich einen völlig legitimen Grund für meine Panik hatte.

Dann ging es los. Die Bilder bewegten sich mit unglaublicher Geschwindigkeit, doch irgendwie konnte ich ohne Probleme jedes individuell und deutlich betrachten. Es zeigten sich mir hunderte Menschen; Männer, Frauen, jung und alt, wobei mehr Kinder als Erwachsene dabei waren. Ganz alltägliche Szenen aus ihren Leben. Ich sah es wie eine Erinnerung. Ich verstand nicht. Ich kannte diese Leute nicht. Wozu das Ganze? Ich begann zu bemerken, dass die meisten dieser Menschen arm waren. Sollte ich Mitleid mit ihnen empfinden? Aber sie sahen ganz und gar nicht unglücklich aus … So ging es eine ganze Weile, Gesicht um Gesicht raste an mir vorbei. Dann, in derselben Reihenfolge wie zuvor, begannen die Leben dieser Menschen aus den Fugen zu geraten. Eine Frau weinte um den zergliederten Körper ihres Ehemanns; hunderte Fabrikunfälle; abgetrennte Gliedmaßen, Köpfe; große Maschinen, die Menschen zerquetschten; verbrennende Menschen; Menschen, denen Säure auf die Hände geschüttet wird und deren Haut schmilzt; mittelalterlich aussehende Krankheiten – Furunkel, Ausschläge, schrecklicher Schmerz, Stiche, blutkotzende und blutscheißende Menschen, sich abschälende Haut … Dann kamen die Kriege … Menschen, denen in die Genitalien geschossen wurde und die zum Ausbluten zurückgelassen wurden, schreckliche Gruppenvergewaltigungen mit Bajonetten, zerbrochenen Flaschen, zuschauenden Kindern … Ich sah Jahre in einer Sekunde, schreckliche Jahre, ganze Leben zogen vorbei … Mittlerweile schrie ich hemmungslos. Irgendwie fühlte ich nicht nur meinen eigenen Schrecken – auch ihre Emotionen konnte ich fühlen, und zwar so, als ob mir all diese Dinge passieren würden. Ich versuchte wegzusehen, doch es war unmöglich – es war in meinem Kopf. Es waren meine eigenen Gedanken. Wenn die Gurte nicht gewesen wären, hätte ich mir bereits die Haut vom Gesicht gekratzt. Dann stach ein einziger Gedanke aus allen hervor. Ein deutlicher, künstlich klingender Gedanke begann in meinem Kopf widerzuhallen. Ich konnte nicht sagen, ob er von mir oder von irgendwo anders kam, aber er war sehr klar: »Du hast das getan.«

Versuchsperson 494208919 unterzog sich der gesteigerten Wahrnehmungstherapie ohne Komplikationen. Im An-schluss an die Prozedur lehnte die Versuchsperson Beruhigungsmittel ab.

14.5.2030
Versuchsperson ist gesund und wird aus unserer Betreuung entlassen.

15.5.2030
Versuchsperson hat sich zu Hause das Leben genommen.

ALLES IN DEINEM KOPF

Ljubljana, 11. Dezember 2009. Ein Mann läuft hektisch durch den Tivolipark. Scheiße, ich hasse das … Wie kann es denn jetzt schon dunkel sein; es ist doch erst vie… Mist, es ist Viertel nach fünf … Wo ist die Zeit hin … Scheiße. Und meine Hände schmerzen … Verdammt kalt. *Er geht am See vorbei.* Was ist das?! Scheiße, ich kann sie sehen … Ich kann sehen, wie sie sich versammeln … Sie glauben, ich kann nicht, aber ich kann. Die sind scheiße verrückt … *Zieht sich die Kapuze über den Kopf.* Ich weiß … Warum musste ich über … über dieses Scheißding in der Zeitung lesen? Warum hab ich den scheiß Artikel zu Ende gelesen? Ich wusste, dass es mich verrückt machen würde … Das macht es jedes Mal … Jetzt hab ich so 'ne scheiß Angst … scheiß Angst … *Tränen laufen ihm über die Wangen.* Und ich weiß … ich weiß, je mehr ich darüber nachdenke, desto wahrscheinlicher passiert es … Ich weiß … Aber ich kann nicht aufhören … Ich kann nicht … SCHEISSE! *Er passiert die Promenade.* Ich bin der Nächste. Ich weiß, dass ich es bin. Ich weiß, ich sehe wie ein Opfer aus, sehe wehrlos aus … und das bin ich … und deswegen werden sie mich kriegen

… Wie konnte ich das eine Mal vergessen, als … Wie nur? Ich bin nun so lange gut gewesen; ich habe immer irgendwie die Kurve gekriegt … immer … Scheiße. *Eine Person läuft auf dem Weg auf ihn zu.* Oh, Gott. Bleib cool, bleib cool. Okay, er ist allein. Bleib cool, bleib cool, vielleicht ändert er seine Meinung. *Er umklammert seine Schlüssel.* Er ist kleiner als ich. Vielleicht könnte ich es mit ihm aufnehmen … ich könnte … *Die Person geht vorbei.* Gott, das war knapp. Oh, Scheiße! War das knapp … es ist okay … atme … *Er läuft am Brunnen vorbei.* Was, wenn er nur der Späher war? … natürlich! Er wollte nur einschätzen, ob ich erbärmlich genug bin … oh, Gott … Jetzt werden sie über mich herfallen … fünf, sechs, sieben von ihnen … Gott … *Er beschleunigt seinen Schritt.* Schau nicht zurück; sie werden deine Angst sehen … Das heizt ihnen nur ein … Scheiß Perverslinge … Die wollen, dass ich Angst vor ihnen habe … Sie stehen auf den Nervenkitzel … Der Nervenkitzel, wenn man jemanden überwältigt, ihn demütigt … sie zehren von der Macht. *Er beginnt zu rennen.* Oh, jetzt kriegen sie mich, sie kriegen mich mit Sicherheit … Scheiße … SCHEISSE! *Er rennt schneller.* Ich kann sie hören … die Schreie … sie klingen nicht einmal menschlich … Bin das wirklich ich? Ich klinge so scheiße feminin … Scheiße … und meine Handgelenke … Ich kann mich nicht bewegen … Ich kann mich nicht bewegen … Ich kann es fühlen, SCHEISSE! Ich kann die Öffnung reißen hören, Scheiße, ich kann ihre Finger spüren, ihre dreckigen, scheiß Schwänze in mir drin, rein und raus, rein und raus, rein und raus, rein und raus. Ich kann sie scheiße riechen … Oh, Gott, warum ich … ich kann fühlen … ich kann das Brennen ihrer Säfte auf meinem zerrissenen Inneren fühlen … Ich will nur bewusstlos werden … Warum verliere ich nicht das Bewusstsein …

Er geht an der Tivolihalle vorbei. Er bleibt stehen. Er atmet schwer. Scheiße, ich muss mich zusammenreißen. Du bist fast zu Hause, du bist fast zu Hause … Meine Knie tun weh … Warum schmerzen meine Knie? Das habe ich nicht bemerkt … *Er holt tief Luft.* Sieh, dort ist ein Licht … Dort sind Menschen am Burgerstand … Alles ist okay … Du bist sicher, du bist sicher. Nur noch fünf Minuten … *Er läuft weiter.* Scheiße, ich kann mich wirklich in Dinge hineinsteigern. *Er lächelt ein bisschen.* Du paranoider Freak. Das ist alles nur in deinem scheiß Kopf.

Eine Schlagzeile in der Slowenischen Zeit, 12. Dezember 2009:
»EIN WEITERER MISSBRAUCH IM TIVOLIPARK«

DIE PROZESSION

Die Szene spielt auf dem paduanischen Land. Es ist früh am Morgen und es ist kalt und neblig. Ein Trauerzug von etwa fünfzig Menschen läuft einen leichten Hang hinauf. Sie alle sind still, einige weinen.

Herr Frowello: Das ist eine nette Prozession, nicht wahr?

Frau Grantino: Ja, ja, sehr nett. Sie muss eine Menge Geld gekostet haben. Haben Sie den Kranz gesehen?

Herr Frowello: Oh, ja, er ist sehr kunstvoll. Und die goldene Schleife ist auch echtes Gold.

Frau Grantino: Sagen Sie bloß!

Herr Frowello: Ja, ja. *Pause.* Haben Sie den Sarg gesehen?

Frau Grantino: Ja, Walnuss, nicht wahr? Mit silbernen Griffen? Ja, er ist wundervoll. Die Familie hat sich wirklich Mühe gegeben. Er muss ein Vermögen gekostet haben. Und die Witwe sieht sehr hübsch aus. Ich glaube, das ist Hugo Boss. Sehr elegant. Und das Armband, glauben Sie, das ist Platin?

Herr Frowello: Ich bin nicht sicher …

Frau Grantino: Oh, und wissen Sie, wen sie beauftragt haben, das Essen zuzubereiten?

Herr Frowello: Wen?

Frau Grantino: Sie wissen schon, den Koch aus diesem teuren Hotel … Sie wissen schon, das Fünf-Sterne-Hotel in der Stadt …

Herr Frowello: Das Imperial Hotel?

Frau Grantino: Ja, das Imperial, genau. Ist das nicht unglaublich! Ich frage mich, wer … Oh, dort ist Mia Rotti. Sie hat immer auf seine Kinder aufgepasst. Ich sollte fragen, wie es ihnen geht. *Sie nähert sich Frau Rotti.* Hallo, Frau Rotti, wissen Sie vielleicht, wie es den armen kleinen Kindern geht?

Frau Rotti ist sehr alt und kann kaum laufen. Sie hat offensichtlich Schmerzen.

Frau Rotti: Oh … Oh, es geht ihnen schrecklich. Schrecklich, sage ich. Er hat ihnen so wenig hinterlassen …

Frau Grantino: Sagen Sie bloß! Ich dachte, er war recht wohlhabend. Seine Frau … *Frau Grantino beginnt, sich von Frau Rottis Keuchen belästigt zu fühlen.* Warum sind Sie nicht in Ihrem Rollstuhl, Frau Rotti?

Frau Rotti: *(protestierend)* Nun ja, das wäre nicht richtig, oder? Ich muss meinen Respekt erweisen. Es gibt bestimmte Vorgaben, wie mit solchen Dingen umgegangen werden muss. So hat es meine Mutter getan und so werde ich es tun.

Frau Grantino: Oh, natürlich! Ich entschuldige mich.

Frau Rotti knurrt etwas zur Antwort.

Frau Grantino: Wo sind die Kinder überhaupt?

Frau Rotti: Sie sind … sie sind … irgendwo hier …

Frau Grantino: Natürlich, gewiss. *Es gibt eine Pause.* Ich sollte gehen und meinen Respekt zollen.

Frau Grantino läuft zur Spitze des Trauerzugs, bis sie neben einem Mädchen von etwa zehn und einem Jungen von etwa sieben Jahren steht. Sie sieht sie eine Zeit lang mitleidig an.

Frau Grantino: *(sanft)* Wie geht es euch beiden?

Kleines Mädchen: Äh?

Frau Grantino: Geht es euch gut? Oh, was sage ich denn, natürlich geht es das nicht. Oh, meine armen kleinen Kinder. Euer Verlust tut mir so leid.

Kleines Mädchen: *(leicht verwirrt)* Unser Verlust?

Frau Grantino: Na, ja … Oh, du musst einen Schock haben, du armes Kind. Wie geht es dem Kleinen, Liebste?

Kleiner Junge: Ich habe Hunger.

Frau Grantino lächelt flüchtig.

Frau Grantino: Er ist hungrig... Oh, das arme Kind... *Frau Grantino nimmt das Mädchen und drückt es sich an die Brust.* Oh, wie schrecklich es für dich sein muss. Und er war so jung … Was wirst du jetzt tun! Oh! *Sie läuft für einige Zeit so, das Mädchen halb hinter sich herschleifend.*

Sie gehen eine Weile in Stille, abgesehen von Frau Grantinos Seufzen.

Kleiner Junge: Frau, wie weit ist es bis zum Friedhof?

Frau Grantino: Oh, du armes Kind, ich sehe, dass du versuchst, die Tränen bis zum Begräbnis zurückzuhalten. Oh, halte dich nicht zurück, Junge, ich kann die Trauer in deinen Augen sehen. Niemand wird schlecht über dich denken, wenn du jetzt weinst. Es ist okay … Es ist okay … *Jetzt drückt sie ihn an ihre Brust.*

Oh, dort ist Frau Amirotti. *Sie stößt den Jungen von sich und eilt zu einer Frau in ihren Vierzigern auf der anderen Seite des Trauerzugs. Sie weint.*

Frau Grantino: Hallo, Liebes. Oh, es hat Sie schlimm getroffen, nicht wahr? Oh, diese grausame Welt.

Frau Amirotti: Oh, Frau Grantino! *Durch das Weinen war sie fast nicht zu verstehen.* Oh, siewa alles, was ich hatte!

Frau Grantino: Sie?

Frau Amirotti: Oh, wir haben grah-de unser erstes Auto zusamm geka-hauft, ers vor eim Monat … Wwwer wird das jezz fahrn? Oh! Oh, wwwer wird mich jezzu den Seen bringen? Wer? Ssch hab kein Ge-held! Oh!
Frau Grantino legte ihren Arm um sie.
Frau Amirotti: Uh-und der Teppich! Wir haben ihn e-herst gekauft. Oh! Siewa so ju-hung, so jung …
Frau Grantino nickt nur und schüttelt ihren Kopf.
Sie gehen eine Weile. Frau Amirotti wird noch unverständlicher, aber auch leiser.
Frau Grantino: Es tut mir so leid, Frau Amirotti, so sehr. *Sie gehen eine Weile.* Ich muss jetzt nach Frau Rotti sehen, sie ist nicht in ihrem Rollstuhl, müssen Sie wissen.
Frau Amirotti murmelt etwas zur Antwort, immer noch weinend.
Frau Grantino geht zum hinteren Teil des Trauerzugs zurück. Herr Frowello hält Frau Rotti jetzt unter ihren Armen, trägt sie fast. Es kostet sie noch immer große Mühe zu laufen. Sie sind wesentlich weiter hinten im Trauerzug, als sie es zu Beginn waren.
Herr Frowello: *(jetzt selbst keuchend)* Na, hallo.
Frau Grantino: Oh, Sie sollten sie sehen. Die Familie ist erschüttert. Oh, es ist so traurig, Herr Frowello … Wie kommen Sie zurecht, Frau Rotti?
Frau Rotti: Ich bin … Meine Beine … *Herr Frowello trägt zu diesem Zeitpunkt ihr ganzes Gewicht, ihre Beine größtenteils auf dem Boden nach sich ziehend.* Ich … kommen … kommen Sie ein bisschen näher, Frau … Grantino. Kommen Sie an meine Seite … damit ich Sie besser hören kann.
Frau Grantino geht näher.
Frau Rotti: *(flüstert in ihr Ohr)* Glauben Sie, ich bin die Nächste?
Frau Grantino: Oh! Frau Rotti! Sagen Sie nicht so etwas!

Frau Rotti: Nun, jetzt bin ich auch fast 80. Und ich habe das Gleiche, das er hatte.

Frau Grantino: Sie meinen *(senkt ihre Stimme)* Syphilis?

Frau Rotti: Ja … Nein, nein, Diab … Diabetes.

Frau Grantino: *(verwirrt)* Oh, ich … das wusste ich nicht …

Frau Rotti: Oh, es lässt einen wie Suppe werden. Wie Suppe … und dann das Koma … Oh, ich habe jeden Abend an seinem Bett gebetet, als er ins Koma gefallen ist … Oh, was, wenn ich die Nächste bin …

Frau Grantino: Oh, sagen Sie nicht so etwas, Frau Rotti! Sie sind so lebhaft, sehen Sie doch, wie lebhaft Sie sind! Sie werden 100 Jahre leben, wie der alte Joe, wissen Sie?

Frau Rotti: *(zweifelnd)* Ja, vielleicht …

Frau Grantino verliert das Interesse an Frau Rotti und wendet sich Herrn Frowello zu.

Frau Grantino: War das Penicillin, das ihm seine Frau gegeben hat, als ich letzte Woche zu Besuch war?

Herr Frowello: Nein. Iressa Tabletten.

Eine Stimmen dringt von hinten hervor.

Moses: Um Himmels willen, Frau Rotti, warum haben Sie Ihren Rollstuhl nicht dabei? Wir werden bald einen zweiten Sarg brauchen, wenn Sie so weitermachen.

Frau Grantino und Herr Frowello drehen sich um. Es ist Moses Mencon. Sie werfen ihm einen abwertenden Blick zu.

Frau Grantino: Sei ruhig!

Moses: Aber können Sie sie denn nicht hören? Sie wird nicht mehr lange durchhalten. Warum ruhen Sie sich nicht für eine Minute aus, Frau Rotti?

Frau Rotti: Nein! Ich muss das hier ordnungsgemäß tun. *Noch immer keuchend.* So wird das gemacht! Ich muss …

Moses: Sie sind genau wie alle anderen. Warum? Warum tun Sie sich das an? Was ist der Sinn?

Frau Grantino: Der Sinn, Moses, ist Tradition! Der Sinn ist es, Respekt für etwas zu zeigen, das wichtiger ist als man selbst! Der Sinn ist es, ein guter Mensch zu sein!

Frau Rotti bricht auf dem Boden zusammen. Die Prozession stoppt. Die Menschen schauen schläfrig zu dem, was wie ein Haufen Kleidung auf dem Boden aussieht, aber bleiben, wo sie sind.

Frau Grantino: Oh! Ist sie tot?

Herr Frowello kniet nieder und fühlt ihren Puls.

Herr Frowello: Ja.

Frau Grantino: Oh! Oh, Gott, was für ein trauriger, trauriger Tag es ist!

Frau Grantino kniet neben dem Körper nieder und jammert dramatisch, jedoch ohne Tränen.

Die Trauerzugteilnehmer starren einige Zeit auf die Szene.

Herr Frowello: Nun gut … Wir nehmen sie auf dem Rückweg mit. *Er wartet auf einen Einspruch.* Die Prozession muss weitergehen.

Die anderen Trauergäste stimmen stumm zu. Sie gehen weiter. Moses bleibt neben dem Körper stehen, starrt ihn an. Der Trauerzug bewegt sich weiter. Moses starrt den Körper eine Weile an. Er kniet nieder und legt seinen Kopf auf die Brust der Frau, um ihren Puls noch einmal zu prüfen. Er fühlt etwas in ihrer Brusttasche. Insulin. Der Apotheker hat Frau Grantinos Namen falsch geschrieben. Dort steht: E. Grancino.

Moses: *(lächelt bedrückt und sagt zu sich selbst)* E. Grancino …

Er nimmt die Spritze und zieht das Insulin aus der Flasche. Tränen beginnen ihm über die Wangen zu laufen. Er steht auf. Er steht einen Moment da und weint. Er steckt sich die Nadel in den Hals und drückt den Kolben. Er fällt neben den toten Körper.

DER FLUCH VON LONE

Lone war niemals ein besonders gesundes Kind. Er hatte mindestens schon zwei Nahtoderfahrungen in seinem zehnjährigen Leben gemacht und beide waren von sehr merkwürdiger Natur. Das erste Mal passierte es, als er sieben war. Er war in der Schule beim Mittagessen, als er plötzlich begann, heftig zu erbrechen. Gallone um Gallone Erbrochenes. Die Ärzte waren ratlos. Keiner von ihnen konnte sich erklären, was vor sich ging oder warum das Erbrochene eine eigenartige orangerote Farbe hatte. Lone schrumpfte buchstäblich und war kurz davor, aufgrund einer Dehydrierung zu sterben, als plötzlich alles aufhörte. Das zweite Mal war vor einem Jahr. Sein Kopf wurde mit einer Bowlingkugel eingeschlagen. Bis heute weiß niemand von uns, wie es passiert ist – niemand sah irgendjemanden, die Bowlingkugel werfen. Alles, was seine Mutter Gera sah, als sie ankam, um nach der Quelle des krachenden Geräusches zu sehen, war Lone, wie er mit aufgebrochenem Kopf in einer Blutlache auf dem Boden lag. Beide Male hatte er sein Augenlicht für mehrere Monate verloren. Lone jedoch war ein sehr stoischer Junge. Sobald er wieder sehen konnte, machte er weiter, als wäre nie etwas passiert. Keine Schande, keine Reue, kein Selbstmitleid; er machte einfach mit dem Leben weiter. Gera fand das sehr erwachsen von ihm, während alle anderen es einfach als seltsam abtaten. Sie vertraute ihm voll und ganz und wusste, dass er alles überleben konnte. Doch dieses Mal war es anders.

Gera sitzt neben Lone auf dem Krankenbett und versucht, ein Gefühl von Sorglosigkeit auszustrahlen. Lone ist so fröhlich wie immer und versucht ungeschickt, die Qigongkugeln mit seiner guten Hand zu rotieren.

Lone: Mama, jetzt wirst du mir einen linkshändigen Bogen besorgen müssen.
Gera: Schatz, der Doktor sagte – *(sie lügt)* –, es ist noch gar nicht sicher, dass du deinen Arm verlieren wirst …
Lone: … und ich werde lernen müssen, damit zu schreiben und zu zeichnen und zu malen und Frösche zu fangen …
Gera: Lone …
Lone: Was?
Gera: Der Arzt sagte, es ist noch gar nicht sicher, dass du deinen Arm verlieren wirst …
Lone: *(grinst breit)* Natürlich werde ich das, Mama.
Tante Candice betritt den Raum. Gera ist diese Ablenkung willkommen.
Candice: Mein armes Kind! *Gera macht eine »Hör auf!«-Geste. Wie immer geht Candice schrecklich mit der Situation um*: Lone, du bist so mutig, so mutig!
Lone: Hi, Tante Candice.
Candice setzt sich in den Stuhl neben dem Bett.
Candice: *(mit mitleidiger Stimme)* Tut es weh?
Lone: Ja.

Candice: Ich hab dir ein Geschenk mitgebracht.

Sie wühlt in ihrer »Wundertüte des Wahnsinns«, wie Lone und Gera Candices große Tasche nennen, zieht einen Plüschhasen heraus und präsentiert ihn voller Enthusiasmus.

Gera: Candice!

Candice: Was?

Gera: Er ist zehn Jahre alt!

Candice: Ach komm schon, wer mag denn keine Hasen? Du magst deinen Hasen, nicht wahr, Lone?

Lone: Nein.

Candice: Lone! Gera, sag ihm, so was kann er Leuten nicht sagen!

Gera: Ich habe es dir doch gesagt …

Candice: Was stimmt nur mit euch beiden nicht; wie könnt ihr euch in so einer Zeit so benehmen?

Gera wirft ihr einen »Fang gar nicht erst an!«-Blick zu. Lone spielt mit seinen Qigongkugeln weiter. Sie sitzen eine Weile in Stille; Candice schmollt.

Candice: Also, ich gehe raus, um… *Sie mimt, eine Zigarette zu rauchen.* Willst du mitkommen? *Sie sieht Gera an. Gera schaut zu Lone.*

Gera: Du kommst klar?

Lone: Sicher.

Sie starrt ihn einen Augenblick an, um seine Aufrichtigkeit zu überprüfen, und steht dann auf, um den Raum zu verlassen. Candice raucht, noch bevor sie überhaupt das Gebäude verlassen haben.

Candice: Scheiße, Gera, warum musst du immer so direkt sein? Was er jetzt braucht, ist Liebe und Unterstützung.

Gera zündet ihre eigene Zigarette an.

Gera: Ich gebe ihm Unterstützung; du musst nicht gleich zur Zicke werden. Und du weißt, wie er ist. Er lässt sich von niemandem verarschen. Ich dachte, du hättest gesagt, das respektierst du an ihm.

Candice: Das hab ich! Das tu ich! Es ist nur …

Gera: Was?

Candice: *(fängt an zu weinen)* Warum passieren diese Dinge Leuten wie ihm? Warum wird er so krank? Ich meine, manche Menschen tun nichts in ihrem Leben, gar nichts … Warum müssen immer Menschen wie er sterben?

Gera: Er stirbt nicht! Scheiße, Candice, was versuchst du, mir anzutun?

Candice: Ja, ich weiß … Okay, aber warum muss er seinen Arm verlieren? Was ist mit seinem Tennistraining, dem Schreiben, dem Zeichnen, dem Malen, dem Bogenschießen, dem Fechten, seinem …

Gera: Komm, verdammt noch mal, runter. Ich weiß. Ich bin mir all dieser Dinge bewusst. Aber irgendwie … scheint ihm das nichts auszumachen.

Candice: Wie kann ihm das nichts ausmachen? Ach komm schon, Gera, er ist zehn Jahre alt! Er sagt das nur so, damit DU dich besser fühlst.

Gera: *(in die Ferne blickend)* Ich denke nicht, dass es so ist … Ich glaube, er meint es so.

Candice: Ach, wozu eigentlich?

Nervös macht sie die Zigarette auf ihrer Schuhsohle aus und lässt sie auf den Boden fallen.

Candice: Ich muss gehen. Ich treffe mich mit Guuuulliver! Wünsch mir Glück.

Gera: *(immer noch in die Ferne blickend)* Viel Glück.

Candice geht. Gera raucht ihre Zigarette auf und geht zurück zu Lones Zimmer.

Lone schläft. Sie setzt sich in den Stuhl neben seinem Bett und streicht ihm über das Haar. Sie denkt bei sich:

»Scheiße, ist er schön. Ich weiß, ich bin voreingenommen, aber er ist wirklich der schönste Mensch, den ich je gesehen habe. Er ist engelsgleich. Seine Haut hat sich, seit er ein Baby war, nicht verändert und ist fast unnatürlich weich. Und sein Haar ist immer durcheinander, ohne unordentlich auszusehen.«

Mark kommt herein und mimt ein stummes »Hi!« mit seinem Mund. Er geht zu Gera und küsst sie auf die Stirn. Er setzt sich neben sie und schließt sich ihrer Betrachtung des schlafenden Lone an. Er lächelt über den Pullover, den er ihm besorgt hat und den Lone über seinem Krankenhausschlafanzug trägt. Auf dem Pullover steht »Fürchte den Löwen«.

Mark: *(flüstert)* Unsere kleine Unwahrscheinlichkeit. *Gera lächelt.*

Mark: Hast du es jemals jemandem erzählt?

Gera: Natürlich nicht. Und selbst wenn, wer würde mir glauben?

Mark: Ja …

Gera: Ich meine, ich habe gelesen, dass solche Dinge passieren können, weißt du …

Mark: Nein, können sie nicht. Es ist unmöglich und das weißt du. Du kannst keine Eizellen ohne deine Eierstöcke produzieren, das kannst du einfach nicht.

Gera stimmt wortlos zu.

Sie beide erinnern sich an die unablässigen Anrufe der Ärzte, Journalisten und religiösen Freaks mit ihren absonderlichen Theorien, die Lones Empfängnis erklären sollten. Sie beide schaudern bei dem Gedanken.

Gera: *(versucht, die angespannte Atmosphäre aufzulockern)* Vielleicht lag es daran, dass wir in einem schickeren Hotel waren als üblich. *Mark lacht leise.*

Mark: Oder das Ethanolfeuer in diesem merkwürdig aussehendem Kamin.

Sie lachen beide.

Der nächste Tag. Lones Arzt, Dr. Kent, betritt das Zimmer.
Lone: Hey, Doc! *Lone präsentiert sein heiteres Grinsen.*
Dr. Kent: Hey, Lone. *Der Arzt lächelt kurz und setzt sich in den Stuhl neben Lones Bett. Er beginnt, sich Lones Arm anzusehen.*
Dr. Kent: Also, tut es noch weh?
Lone: *(mit einem Lächeln)* Ja.
Dr. Kent: Deine Mutter sagte mir, du möchtest, dass ich dir genau erkläre, was mit deinem Arm nicht stimmt.
Lone: Ja.
Der Arzt seufzt leicht und schaut aus dem Fenster.
Dr. Kent: Du erinnerst dich an die Neschmen-Zellen, die wir letzte Woche in deinem Arm gefunden haben?
Lone: Ja.
Dr. Kent: Und daran, dass ich meinte, dass du besonders bist, weil du der einzige Mensch mit diesen Zellen bist?
Lone: Mhm.
Dr. Kent: Nun ja, diese Zellen … Weißt du, diese Zellen sind … Sie essen die anderen Zellen in deinem Arm … Und bis jetzt war das kein Problem, weil sie so langsam gegessen haben, dass der Körper neue Zellen produzieren konnte. Verstehst du?
Lone nickt.
Und, siehst du, deshalb haben wir dir davon nichts gesagt … Doch in den letzten paar Tagen hat ihre Anzahl stark zugenommen … und da es so schnell passiert ist, hatten wir keine Möglichkeit, es aufzuhalten. *Der Arzt pausiert und sieht Lone zum ersten Mal, seit er zu sprechen begann, in die Augen.*
Lone hört ihm aufmerksam zu.

Dr. Kent: Jetzt müssen wir verhindern, dass diese Zellen sich in einem anderen Teil deines Körpers ausbreiten. Daher …

Lone: Darum werden Sie mir den Arm abnehmen.

Dr. Kent: Ähm, ja.

Lone: Wird es wehtun?

Dr. Kent: Ähm, nein, du wirst unter Betäubung stehen.

Lone: Aha.

Lone schaut hinunter in seinen Schoß und denkt nach. Der Arzt quält sich, doch versucht, dies zu verstecken, indem er in seinen Taschen wühlt. »Warum klingelt mein Pager jetzt nicht, verdammt noch mal.«

Der nächste Tag.

Die Operation ist vorbei. Lone beginnt aufzuwachen. Er sieht verschwommene Bilder von Menschen, die um sein Bett herum stehen.

Gera: *(mit zitternder Stimme)* Lone?

Lone: Waaa … Ich bin … Ich kann nicht …

Dr. Kent: Er wird für etwa eine Stunde leicht desorientiert sein. Das ist ganz normal nach einer Operation.

Es dauert einige Minuten, bis Lone wieder zu Sinnen kommt.

Lone: Mir ist schlecht. *Er ist noch immer etwas neben der Spur. Nur Gera ist nun noch mit ihm im Raum.*

Gera: Ja, Schatz, Doktor Kent sagt, das ist normal. Möchtest du ein wenig Tee?

Lone: Nein, Tee ist eklig.

Gera: Wie … wie fühlst du dich?

Sie versucht, nicht auf seinen Stumpf zu schauen.

Lone: Ich bin okay.

Er blickt auf seinen Stumpf. Gera hat Tränen in den Augen. Lone bewegt seinen Stumpf.

Lone: Aua! *Er lächelt.* Er sieht lustig aus.

Gera: *(lächelt traurig)* Er sieht gut aus, Schatz.

Lone inspiziert seinen Stumpf eine Weile mit seiner Hand.

Lone: Kann ich jetzt spielen gehen?

Gera: Äh, Schätzchen, du musst dich ausruhen.

Lone: Wie lange?

Gera: Na ja … ein paar …

Lone bewegt sich langsam aus dem Bett.

Lone: Woah, mir ist schwindelig.

Er lächelt und ergreift die Seite seines Bettes. Gera eilt an seine Seite und hält ihn fest.

Gera: Alles gut?

Lone: Ja.

Lone zeigt auf die Primeln draußen auf der Wiese.

Lone: Ich möchte das Geräusch machen. Können wir?

Gera: Wir sollten nicht …

Sie hilft ihm, nach draußen zu laufen. Lone setzt sich mit einigen Schwierigkeiten auf das Gras und pflückt lächelnd eine Primel. Gera schaut ihm eine Weile lang zu, dann setzt sie sich neben ihn und zündet sich eine Zigarette an. Lone beginnt, in die Primel zu pusten, offensichtlich amüsiert über das Resultat. Gera lacht. Sie sitzen dort eine Weile, beide in den Moment vertieft.

Lone: Mama, glaubst du, dass sie es jemals wirklich verstehen werden?

Gera: *(lächelnd)* Vielleicht in einem anderen Leben.

Pika Golob

HAUNTING THOUGHTS

A Collection of Short Stories

TEXT/RAHMEN

First Edition, 2017

Copyright 2017, Published by TEXT/RAHMEN e.U., Vienna

Illustrations & author portrait: Lucijan Prelog, www.lucijanprelog.com
Font design »TextRahmen«: www.polenimschaufenster.com
Translation: Lisa Mittag
Copy-editing German: Philipp Preiczer
Copy-editing English: Katrin Nusshold
Cover design and composition: Dominik Uhl
Printing and binding: Finidr, Český Těšín (CZE)
ISBN 978-3-9504343-1-6

Pika Golob

HAUNTING THOUGHTS

A Collection of Short Stories

THE HUNCH

A student apartment on the 4th floor. It's one o'clock in the morning. Aaron is lying in his bed, on his back, tucked in all the way. His roommate Clara is lying on the couch, eyes closed. The TV is off.

Aaron: Are you asleep?

Clara sighs.

Clara: *(slight irritation in her voice)* No.

Silence.

Aaron: What are you thinking about?

Clara: I'm not thinking about anything, i'm just trying to sleep.

Silence. Aaron turns in his bed.

Aaron: Can we talk for a while? I can't sleep.

Clara: Aaron, i'm really tired and i've got to get up early.

Silence. The room is still.

Clara: *(eyes still closed)* Why can't you sleep?

Aaron: I think i'm getting that feeling again.

Clara: *(sighing)* Aaron, nothing bad is going to happen. It never does. It's just your subconscious fears bubbling to the surface.

Aaron: Yeah, i know. But it feels so fucking terrible, you can't even imagine it. I can't think about anything else.

Clara: It's always this terrible, remember? And then a day goes by and nothing happens.

Aaron: Yeah.

Clara: Look, just turn on the TV and try to stop thinking.

Silence.

Aaron turns on the TV.

It's morning on the next day. The alarm clock on Clara's mobile phone goes off. Clara gets up and looks at Aaron's bed. It's empty. She turns on her phone and makes coffee. She brushes her teeth, then she calls Aaron. It rings six times before he answers.

Clara: *(not terribly worried but not indifferent)* Where are you?

Aaron: I'm at the cemetery. I tried to get to sleep for two more hours, then i went for a walk.

Clara: Ok. I'm going to work now, ok?

Aaron: Ok.

It's four in the afternoon. Aaron's lying on his side on the couch, his back to the room. The TV is off. He hears Clara unlock the door, enter and kick off her shoes.

Clara: Aaron?

Aaron: *(drowsily)* Yeah?

She takes off her coat, puts on her slippers and kneels down beside the couch.

Clara: How are you?

Aaron: The same.

Clara: Did you sleep?

Aaron: No.

Clara looks at him with an indefinable look for several seconds. He's looking away.

Clara: Well, is there anything to eat?

Aaron: Yeah, there is spaghetti on the stove.

Clara: Cool!

She hurries into the kitchen and takes the whole pot of spaghetti, which already has a fork in it. She sits down next to the couch and turns on the TV. She eats the spaghetti as she flips through the channels.

Clara: *(still looking at the TV)* So, what's going to happen this time?

Aaron: Someone is going to die.

Clara: *(almost playfully)* Well, that's always it, isn't it? How?

Aaron: *(wearily)* There's going to be an accident.

Clara is still watching TV. She leaves it on the Discovery Channel.

Clara: Ooh, that's a new one.

Aaron: Don't mock me.

Clara: I'm sorry.

They both stare at the TV, but only Clara is following the programme. Clara turns to Aaron.

Clara: *(her mouth full of spaghetti)* Look, just let me finish this, then you'll listen to me bitch about my job for a while and then we'll play Zelda, ok?

Aaron: Ok.

Clara: And when we finish, we'll watch The Simpsons, ok?

Aaron: *(his face now in the pillow)* Ok.

Clara: Oh, come on. *She rubs his shoulders.*

It's half past five. Clara is setting up the GameCube, Aaron is still lying on the couch, his back to the TV. The Zelda intro comes on.

Clara: Hey, it's ready.

She pushes the controller into his hand. Aaron slowly turns around, still lying on his back, and looks at the TV. They start playing. They play for about twenty minutes, until the doorbell rings.

Clara: *(still immersed in the game)* Shit! I forgot. Jean said she'd come over after lunch. *She hits the pause button, flings the controller to the floor and walks to the door. She opens it.*

Jean: Heeey!

Clara: Heeey!

Jean enters and begins to untie the shoelaces of her Victorian-style shoes. Clara leans on the table and watches her.

Jean: Fuck, i've had a terrible day. You got some beer? He still won't pick up the phone. He's still convinced there's something between me and Bear. Fuck. I'm fucking exhausted from apologizing for something i didn't do. He really needs to get over his fucking paranoia. The world doesn't revolve around…

She looks up and sees Aaron sitting on the couch, wrapped in a blanket.

Jean: Oh… Hi, Aaron.

Aaron: *(with a blank expression)* Hi.

Jean looks at Clara. Clara gives her an affirmative look and nods slightly.

Jean: Oh… Well, we can go have a drink at the Grandé.

She starts tying her shoelaces again.

Clara walks to Aaron and kneels down in front of him.

Clara: *(whispering)* I'm sorry. I totally forgot she was coming. I can't just throw her out now.

Aaron: It's ok.

Clara: You always say it doesn't make any difference whether there's someone with you or not.

Aaron: Yeah.

Clara: Ok.

She looks at him for a couple more seconds, then gets up. She turns to Jean.

Clara: Just give me a minute to change, ok?
Jean: Cool.
Aaron lies on his back and looks in the direction of the TV. Jean stands around awkwardly, trying not to make eye contact. Aaron puts the blanket over his head.
Aaron: FUCK!
He throws the blanket on the floor and gets up.
Clara: *(from her room)* What is it?
No reply.
Clara: Jean, what is it?
Jean: I don't know. He's pacing.
Clara: I'll be right there.
Clara walks into the room a minute later. Aaron is walking back and forth in front of the couch. She walks up to him.
Clara: Are you ok?
Aaron: *(still pacing)* No.
His face is colourless.
Clara: Do you want us to stay?
Aaron: No.
She goes to put on her shoes. She whispers to Jean.
Clara: He does this every time. He'll be fine. There's nothing we can do.
She finishes putting on her shoes and leans into the living room. Aaron is still pacing.
Clara: We're going now.
Aaron: *(his face turned to the floor)* Ok.
They leave.

It's eleven o'clock and Clara is on her way home. She passes the cemetery to see if Aaron's there. She's tipsy. She walks around the empty cemetery until she hears nervous footsteps.
Clara: Aaron?

Aaron: *(his voice trembling)* What?

Clara: C'mon, let's go home.

He walks towards her without a word and keeps walking as he passes her. She follows him. As they reach their apartment, Aaron waits for Clara to find her keys and unlock the door. They enter. Clara takes off her jacket and puts it on the hanger. Aaron throws his over a chair. He starts walking towards his bed when she suddenly stops him.

Clara: I'm going to hug you now, ok?

There's a barely noticeable shrug in his shoulders. His eyes are cold and sad. She hugs him. He doesn't move. When she's done, he walks to his bed and lies down on his back.

Clara: *(from the kitchen)* I'll make you some tea, ok?

Aaron: *(quietly)* I hate tea.

Clara doesn't hear him.

Clara: I know you hate tea, but maybe it'll help a little.

She puts on a pot of water, goes to the living room, sits down on the couch and turns on the TV. She watches the Discovery Channel for a while, then looks towards Aaron's bed.

Clara: Look, the day's almost over. You'll be fine tomorrow. You're always fine the next day.

Aaron: I know. It doesn't help.

Clara goes on watching TV and falls asleep within ten minutes. Aaron walks to the kitchen, turns off the stove and goes back to bed. His chest feels like it's going to explode.

At three in the morning, he finally falls asleep. The apartment is dark and still.

In the apartment below theirs, an eight-year-old boy is crying. The lights in all the rooms are on, the TV is on, the radio is on, the computer is on. He's sitting on the floor, holding his father's hand. He looks at the toy car under the cupboard. The guilt steals his breath. The realization dawns on him. I am completely … alone now. He cries silently, but desperately. His father's words echo in his head: "Put those toys away or someone will break their neck." Break. Their. Neck.

Next morning. Clara wakes up. She's still in her shirt and jeans. She remembers the day before. She gets up, jumps on Aaron's bed and hugs his legs through the blanket.

Clara: Wake up, princess, the curse is lifted!

Aaron slowly opens his eyes and sees Clara's forced but soothing smile. He smiles a little.

Aaron: Yeah…

Clara: Yes! Fuck yes!

Aaron: *(still smiling)* I'm cured, now get off me.

Clara smiles at him, gets off the bed, turns on the TV and goes to wash her teeth. A minute later, she shouts from the bathroom, her mouth full of toothpaste.

Clara: See, it was like last time, nothing happened, everybody's ok.

Aaron: *(sitting up now, watching TV)* Yeah… It always feels so real though. I really can't do anything when it's happening to me. You know?

Clara: I know.

There is a commercial for Weird or What? on TV.

Clara: *(jokingly)* Let's just hope you're never right.

Aaron: *(smiles)* Very funny.

He goes on watching TV.

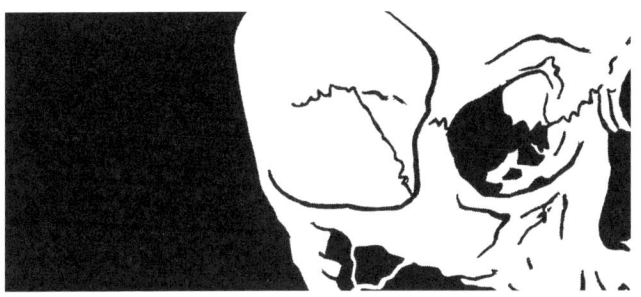

GERALD'S SECRET

"I… I need a moment," Gerald said, his voice cracking. We all gave a slight nod. There was a short silence. He put his trembling hands on the table in an attempt to steady them. He stayed that way for a few moments, his face bearing an expression of subdued terror. He closed his eyes and took a deep breath through his nose. Suddenly, he lifted his head and looked directly at Farrow, who was sitting opposite him. Gerald's face seemed transformed. All the signs of unrest were gone. He began telling his story.

"I'm sure you all remember my arrest. As you know, they questioned everyone in town. I hadn't even heard of the sisters until then… You know i rarely speak with the townspeople. Well, in any event…"

Gerald produced a frayed piece of paper, which he had obviously been carrying in his pocket for a long time. It was folded four times, the folds all but completely transparent from the numerous times it had been examined. He put it on the table in front of him and began reading:

"From November 5th to November 12th, a week before the murders, Mr. Price never left his house. His wife informed us that he had been locked in his study the entire week, accepting only one scanty meal a day. She explained that her husband often did this. However, we assume she only said this to protect him. Interestingly, it was on the day after the murders that Mr. Price not only ended his seclusion but was seen in the best of spirits in Mindy's tavern, buying everyone drinks. Several villagers had noted this kind of behaviour on other occasions, always succeeding a death in the village. Mr. Price is most definitely a peculiar man with a strange affinity to death. We concluded that this is what happened: The days of seclusion were spent in meticulous planning – the murders, as we know, were of a most complex nature. On the day of the murders, Mr. Price left his study, exiting through the window, leaving the light on to secure his alibi, and murdered the sisters in the gruesome manner we are all acquainted with. The motive remains a mystery, since the sisters' four thousand francs in gold were left untouched. However, due to Mr. Price's behaviour before and after the event, we must conclude that he is most likely the culprit."

Gerald folded the paper and placed it back in his pocket.

Yes, we all remembered that wretched winter. They would harass Gerald every day – first the police, then the mayor, then the townspeople. We all testified for him in court. He was finally released in late December, due to what they referred to as "insufficient evidence". That was the winter he and Fay moved into the old cottage on the other side of the lake.

"I have decided to explain my odd behaviour to you. I have never revealed this to anyone and, as you will soon realize, neither would any of you, were you in my position. It brings too much responsibility with it… The abuse i received from the villagers was nothing compared to what i would have had to endure, had they known about my secret. First of all, i must tell you i was not born with this … affliction. I acquired it only later on, as a young man.

As you all know, i received a medal of honour for my accomplishments in the war. Well, the truth is far less grandiose than you would imagine. This is what really happened on the shores of that damned French river.

It was July 1st, 1916, and i was fifteen. We were lying in a wet trench, awaiting our orders. It was morning, but the shelling gave the sky above us a dark grey hue. A young soldier was crying incessantly next to me, trying to tell me something, but i couldn't hear a word he was saying… Only human-made thunder rumbling all around us. We waited for what seemed like an eternity. Hour after hour of incessant noise, explosions showering us with heavy dirt and inhuman screams adding to this orchestra of carnage. Then, finally, the order came.

'Attack.' Us? Whom? All the soldiers climbed nimbly out of the trench and ran as if running towards a mother's embrace. They had no illusions. They knew they were running to their deaths. They couldn't wait. I raised myself to run after them and ––– my equipment dragged me right back to the bottom of the trench. It was like lifting a load of lead. You see, i was only a boy and nothing but skin and bones. I tried to get up again. I couldn't move. I tried, i really did. I put all my strength into it, all the remaining will i had left in the depths of my weak heart. After all, out there was death – beautiful, forgiving death. No more pain, no more hunger, no more screams, just nothingness…

I lay there, on my back, the cumbrous equipment confining me to the ground. I looked at the smoke-filled sky, bullets flying, bombs going off all around me… Suddenly, all sound began to die away… I thought, maybe i'm dying … maybe i…

——— Thump! ——— A body landed on top of me. I flinched violently and tried to get him off me. It was a body of a boy, just like me. Shot in the stomach. I tried to push him away, but he was too heavy. My hands were too weak. I couldn't… I tried so hard, tears of incompetence running down to my ears. I couldn't… I… I gave up.

We lay there, his face on my shoulder, like a mother comforting her son, his blood and guts running down between my legs… As we lay there, me and my lifeless friend, beyond despondence … another body fell on top of us … and another … and another … and another… A pile of flesh we were, me and my inanimate friends. Some of them moaning still, emitting their last rays of consciousness. I could smell their blood, their sweat, their shit, their life leaving them. I vomited until there was no fluid left in my stomach. This is what it all comes down to. We were nothing but a pile of flesh. I lay there for eternal hours, all their fluids running down my face, my body drenched in human insides. Their weight pressing on my chest, on my face… I could hardly breathe … and the air was heavy with the stench of death. The day turned into night, the night into morning. They turned colder. No sleep came to me. I hadn't even noticed it, but somehow, the battle had ended.

The rest of the war is a blur. When i returned home two years later, i underwent numerous medical and psychological tests. They could find nothing particularly wrong with me except a complete loss of the sense of smell. Depression was common in all former soldiers, so no one paid much attention to it, not even me. It was only later that i was able to narrow down the exact source of my dejection. It was about a year after my return that i began to notice it… The incessant premonition, a gnawing gut feeling echoing in my mind every minute of every day became clearer and clearer, gradually transforming from an indiscernible horror emanating from my chest into a single, indubitable thought: 'Someone you love is going to die'.

Shell shock, they said. Even Fay wouldn't believe me. She sent me to a psychologist. Well, you all know that story. You cannot imagine… No one can imagine my dismay. The smell… I always feared it would be Fay. You see, i could never tell who…

And then … whenever someone in town would pass away, i was overcome by a relief that bordered on ecstasy. All the tension, all the trepidation gave way to bliss. It was as if … no, it was exactly like waking from a terrible dream. The smell … was gone." Gerald's eyes glowed with fervid joy.

"So, you see, friends, my odd behaviour was not a sign of insanity but of heavenly relief. However, this elation lasted only until the next stifling premonition. Which sometimes came soon after and sometimes not for months, but its return was always certain."

Gerald lifted his head and looked straight into my eyes: "What would you have done?"

The room was quiet.

He cried desperately: "There was nothing i could do … nothing!"

Gerald stared at the table, breathing heavily, his face a deluge of tears.

Suddenly, as if waking from a trance, he continued quietly and calmly: "But now, it doesn't matter anymore. This time, i know who. And it brings me a relief beyond any earthly pleasure. The smell is more pungent than ever … and i breathe in its foul stench with great joy, because i know that now, finally, i will be free from this curse of mine. You see … my own death … has a sweetish redolence."

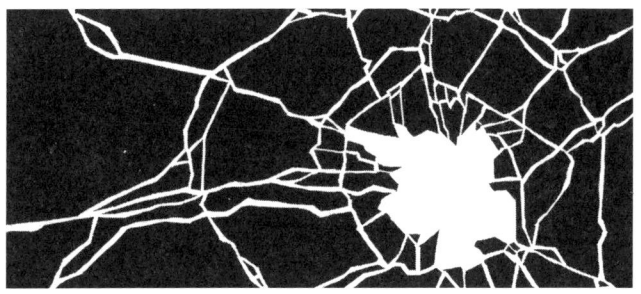

CONSUMED

It was five o'clock now. We were still trying not to make eye contact with one another, pretending not to notice there were other people in the waiting room. The truth was: We couldn't have been more aware of each other. One could hardly meet all one's co-workers in a lifetime, as the facilities were truly enormous, but on that day in that room, there was a terrifying and profound kinship between us, unlike any other. We were all guilty – but of what? We were all awaiting punishment – but of what kind?

There was no reading material in the waiting room and we had to hand over our phones before we entered it. They told us they would return them afterwards. The door we were supposed to enter was nothing special. It almost seemed like a door to someone's apartment. Above it, there was a number – 261521 – and on it, there was a note saying: "Do not knock – your number will be called". The only unsettling thing about the door was the door handle – it was a knob that couldn't be opened from the outside. I wondered if there was a knob on the inside as well.

We had been waiting for two hours now. It seemed much longer though, since people would go in, but no one ever came out – they must have exited the room through a different door.

It seemed quite strange, this "EPT Programme" – so many people had gone through it and still, no one knew what it actually was. I asked my mother what it was like once. There was a barely noticeable flinch. Then she said, in her best reassuring voice: "You know i don't remember, honey. No one does." I knew she was going to say that, but i couldn't help wondering. Everyone seemed unaffected by the fact that 40% of the people committed suicide afterwards.

There was just one collective thought in the entire waiting room: "Do i belong to the 40%?" It was smart of them to call us in the middle of the day, with no prior notice. If i'd had a week to think about this, i probably wouldn't have made it through the week. As i was thinking about this, i noticed something strange – no one was crying. Not one person. It hadn't even occurred to me before that. We were all still in shock, i guess.

Since i had already gone from utter despair to fervent optimism and back again, and since i had already counted the grey specks on the linoleum under my feet about thirty times, my brain was beginning to get bored. I looked up for the first time.

At that exact moment, the man sitting opposite me lifted his face as well and, completely without any kind of permission from our brains, our eyes met. It was disastrous. The complacency i had worked on for the last two hours was completely ruined by one glance from a burly man with a moustache. Instantly, i began examining the chart that was hanging behind him. I looked at it intently. The man, however, did not look away. He kept looking at my protesting eyes and i kept focusing on the chart, although i couldn't make out a single word – i never wear my glasses. There was something judgemental about his stare. I felt annoyed although i knew what he was thinking. Actually, i felt annoyed because i knew what he was thinking. "Isn't he a bit young to be here?"

I was the youngest in the room, obviously, but this did not need additional pointing out, not even with just a look. I was angry at him for almost making me burst into tears. The anger was a nice change from almost bawling. He finally released me from his ocular grasp and looked back down.

I decided to examine all the charts on the walls in this way. It's amazing how hungry for stimuli the brain is and how quickly one can feel like one's going insane when they are lacking. As soon as i was positive that a person was completely immersed in their thoughts and in their own segment of linoleum, i would look at them more closely.

The first subject was a businessman who clearly put too much effort into his looks. His hair was perfectly trimmed and his suit looked like it was painted on. He was obviously supposed to be someone "important". I love to see people like that when they are helpless. I feel that this is the only time they are being truly sincere. I always hope they will have some sort of revelation as to what terrible human beings they had been until then and simply change their ways forever. I got annoyed just by looking at him, so i moved on.

I looked at the chart next to his. It was the biggest in the room. I could even make out the title: "Human Resources Chart". That term always made me cringe. Under the chart, there was a woman with glasses in a matching brown suit, her skirt ending just over the knees – very serious. She couldn't have been more than twenty-seven, but she was trying to look older for some reason. She was beautiful in a boring way. Her brown hair was tied back so tightly she was unable to form any noticeable expression, save for one of disinterested boredom, which was obviously the point. You could tell, too, that she had been practicing it for many years and she was very good at it. She made these loud sighs, as if to say: "I don't have time for this, this is obviously a stupid mistake." But she knew full well that this wasn't true.

Fifteen to six. My butt was becoming quite numb. I felt like getting up, but i didn't feel like being looked at. So, i sat some more.

Suddenly, with no prior voices or footsteps from behind the door, it opened. We all twitched, as this was the first noise we had heard in almost three hours. The receptionist was quite pleasant-looking (i seemed to have been expecting a stern old crone for some reason). She was wearing a grey pantsuit, which made her look more like an office clerk than a receptionist. You could tell she was quite aware of the formidability of her role. She proclaimed: "Number 494208919." Several people lifted their heads and began to search the room with their eyes, putting their perverse pleasure of staring at the dead man walking before the common decency of letting him think no one was looking.

I stood up. It felt exactly like one of those naked-in-public dreams. I don't know which bothered me more – their pity or their relief. At least their relief was sincere, whereas their pity was not. As i began to approach the woman, i realized my legs had fallen asleep. Wanting to conceal this, i kept walking, but the spiky cramps in my legs made me look like i had cerebral palsy. Great, i thought, more pity. I was almost relieved to leave the room.

I entered the receptionist's room and she closed the door behind me. It didn't have a knob – it was a normal door handle. She told me to sit down. Time passed. She wrote something down on her clipboard. I told myself she was just doodling to defuse the awkward silence.

The room was furnished very frugally. There was a cabinet, a table, two chairs, two doors, a lamp and a pot plant. It looked like an unfinished AutoCAD image. It had no window. Probably to keep us from knowing which floor we were on. The room was the kind of hospital-green that is supposed to be calming but is actually utterly depressing.

She scribbled some more and then, without any kind of signal from the doctor, she said: "You can go in now." She said this so casually that i thought she truly believed she was just a receptionist in a doctor's office. She was either genuinely oblivious or an extraordinarily good actress, as this was quite obviously not your everyday doctor's office. I looked at the door behind her. An ordinary door handle. I asked a stupid question: "Through there?" She, obviously used to this sort of behaviour, ignored me, stood up and opened the door herself. I stood up – my legs had woken up by now, save for some mild numbness – and walked towards the door at the other side of the room. She followed me in, which was quite strange and made me wonder about the whole meaning of the "reception room". Was it only a test?

We entered the room. "Is this a joke?" i thought. The room seemed staged. It looked like a scene from a bad sci-fi movie. It was nauseatingly sterile and empty, with nothing but a strange apparatus in the middle of it. It was about three metres tall and a metre and a half wide. It had a comfortable seat, not unlike a dentist's, and a large dome, extending from the back of the seat and over it. To its left stood a tall man in tight, green overalls, obviously the one that operated with the machine. The lack of a white doctor's robe made him seem less formidable – a clever trick, i thought. He was blond and in his late thirties. He, too, could have been an unimaginative, computer-generated image. He was wearing the smile of a paediatrician before he gives you a shot. I used to love those smiles as a child, even though i knew even then that they were a lie. They comforted me. But not now. Now, it made me nervous. Instinctively, i took a step back. I bumped into the receptionist's chest, which was hovering behind me. I turned my head to see the door handle. Knob. I began to sweat. My mind was racing, i felt trapped. The man could see this. He stepped closer and said calmly: "Do not worry, it will be over in a second." The lack of contractions made me nervous. The receptionist-turned-assistant walked over to the machine and began adjusting the seat. I noticed the straps for the first time. The man saw that i was looking at them. He remarked: "Those are necessary so that you do not hurt yourself. The procedure may invoke involuntary muscle convulsions and you could hurt yourself if the arms and hands are not strapped." He looked as though he truly believed this would make me feel better. The assistant gave him a nod. "You can sit down now." he said. He even made an ushering gesture. Was he enjoying this? I slowly approached the seat. I looked at it for a moment, then took a breath and plunged into it, as if jumping off a cliff into water of uncertain depth. The assistant strapped me in – first my legs and then my arms. I felt so helpless. My perspiration began to show through my shirt. I hate sweat marks. I hate this exposure of fear. "Can i have some sort of a sedative?" i asked, trying to hide my horror, but my trembling voice gave me away. "I am sorry. A sedative would interfere with the procedure. You must try to relax. It will be over in a second." I was trying not to cry. My fellow feigners from the waiting room should see me now. My carefully fabricated composure finally gave way and was replaced by a painfully sincere dread. The assistant began to lower the dome. "Hey!" i said. She stopped. "Don't i get some sort of an anaesthetic?" The man laughed slightly: "This is not an operation. Consider it a brain scan – keeping in mind, of course, that all the acquired information will be deleted instantly after it is acquired and will be known only to you. Now, try to relax."

The assistant lowered the dome. Total darkness surrounded me. All i could sense was a quiet buzzing noise. I was completely and utterly terrified. The thing was soundproof. I could not hear what the doctor and his assistant were doing and my imagination was playing sick tricks on me. I was convinced that a spike would come from the darkness and lodge itself in one of my eyes. I tried to force myself to calm down, but my brain wouldn't have it – it knew i had a completely legitimate reason for panicking.

Then it began. The images moved with incredible speed, but somehow, i could observe each one individually and clearly without difficulty. I could see hundreds of people, men and women, young and old, although there were more children than adults. Just everyday scenes from their lives. I was seeing it like a memory. I didn't understand. I didn't know these people. What was the point? I began to notice that most of these people were poor. Was it supposed to make me feel pity? But they didn't seem unhappy at all… This went on for quite a long time, just face after face racing before me. Then, in the same order as before, the lives of these people began to unravel. A woman crying over the dismembered body of her husband, thousands of factory accidents, severed limbs, heads, big machines crushing people, people burning to death, acid spilling on their hands, their skin melting, medieval-looking diseases – boils, rashes, terrible pain, stinging, vomiting blood, shitting blood, skin peeling off… Then came the wars … people shot in the genitalia and left to bleed out, terrible gang rapes with bayonets, broken bottles, children watching… I saw years in a second, terrible years, whole lifetimes went by… By now, i was screaming uncontrollably. Somehow, i didn't only feel my own horror – i could feel their emotions as well, i could feel them as if it was happening to me. I tried to look away, but it was impossible – it was inside my head. These were my own thoughts. If it hadn't been for the straps, i would have scratched the skin off my face by now. Then, a single thought penetrated through the others. A distinct, artificial-sounding thought began to resound in my head. I could not tell whether it was mine or whether it came from somewhere else, but it was very clear: "You did this."

Subject 494208919 underwent enhanced perception therapy without complication. Following the procedure, subject declined sedative.

14. 5. 2030
Subject is in good health and will be released from our care.

15. 5. 2030
Subject took his life in his home.

ALL IN YOUR HEAD

Ljubljana, December 11th, 2009. A man is walking frantically through Tivoli Park. Fuck, i hate this… How could it be dark already, it's only fou … shit, it's a quarter past five… Where did the time go… Fuck. And my hands hurt … must be the cold … the cracks are as deep as scratches … damn cold. He passes the lake. What's that?! Fuck, i can see them… I can see them gathering… They think i can't, but i can. They're fucking crazy… *He pulls the hood over his head.* I know… Why did i have to read about … about that fucking thing in the paper? Why did i finish the fucking article? I knew it would fuck me up … it always does… I'm so fucking terrified now … so terrified… *Tears start running down his cheeks.* And i know… I know, the more i think about it, the more likely it is to come true… I know … but i can't stop… I can't… FUCK! *He passes the promenade.* I'm next. I know i am. I know i look like a victim, i look defenceless … and i am … and that's why they'll get me… How could i forget about that time when… How could i? I've been good for so long now, i always caught the last bus … always… Fuck. *A person is walking towards him on the path.* Oh, god. Act cool, act cool. Ok, there's only

29

one of them. Act cool, act cool, maybe he'll change his mind. *He clutches his keys.* He's smaller than me. Maybe i could take him… I could… *The person passes.* God, that was close. Oh, fuck, that was close… It's ok … breathe… *He passes the fountain.* What if he was just the lookout? Of course! He was just assessing whether i'm pathetic enough … oh, god … now they'll come at me … five, six, seven of them … god… *He hurries his step.* Don't look back, they'll see your fear … that just fires them up … fucking perverts… They want me to fear them… They like the thrill … the thrill of overpowering someone, of humiliating them… They feed off the power. *He starts running.* Oh, they'll get me now, they'll get me for sure… Fuck… FUCK! *He runs faster.* I can just hear them … the screams… They don't even sound human… Is that really me? I sound so fucking feminine… Fuck… And my wrists… I can't move… I can't move… I can feel it, FUCK! I can feel the opening tearing, fuck, i can feel their fingers, their dirty fucking cocks inside me, in and out, in and out, in and out, in and out. I can smell the shit … oh, god, why me… I can feel … I can feel the sting of their juices on my ripped insides… I just want to pass out… Why don't i pass out…

He passes Tivoli Hall. He stops. He is breathing heavily. Fuck, i've got to get a grip of myself. You're almost home, you're almost home… My knees hurt… Why do my knees hurt? I haven't noticed… *He takes a long breath.* Look, there's a light… There are people at the burger stand… Everything's ok … you're safe, you're safe. Just five more minutes… *He keeps walking.* Fuck, i can really get myself worked up. *He smiles a little.* You paranoid freak. It's all in your fucking head.

A headline in the Slovenian Times, December 12th, 2009:
"ANOTHER RAPE IN TIVOLI PARK"

THE PROCESSION

The scene is set in the Paduan countryside. It is early morning and it is cold and foggy. A funeral procession of about fifty people is walking up a gentle slope. They are all quiet, some are sobbing.

Mr. Frowello: This is a nice procession, isn't it?

Mrs. Grantino: Yes, yes, very nice. It must have cost a lot of money. Did you see the wreath?

Mr. Frowello: Oh, yes, it's very ornate. And the golden ribbon is real gold, too.

Mrs. Grantino: You don't say!

Mr. Frowello: Yes, yes. *(There's a pause.)* Did you see the coffin?

Mrs. Grantino: Yes, walnut, is it? With silver handles? Yes, it's wonderful. The family really made an effort. It must have cost a fortune. And the widow looks very nice. I think it's Hugo Boss. Very smart. And the bracelet, do you think it's platinum?

Mr. Frowello: I'm not sure…

Mrs. Grantino: Oh, and you know who they're hiring to prepare the food?

Mr. Frowello: Who?

Mrs. Grantino: You know, the chef at that expensive hotel… You know, the five-star hotel in town…

Mr. Frowello: The Imperial hotel?

Mrs. Grantino: Yes, the Imperial, exactly. Isn't that just amazing! I wonder who's preparing the… Oh, there's Mia Rotti. She used to babysit his children. I should ask how they are. *She approaches Ms. Rotti.* Hello, Ms. Rotti, do you know, perhaps, how the poor little children are doing?

Ms. Rotti is very old and can hardly walk. She's obviously in pain.

Ms. Rotti: Oh… Oh, they're terrible. Terrible! He has left them so little…

Mrs. Grantino: You don't say! I thought he was quite well off. His wife… *(She begins to feel annoyed by Ms. Rotti's panting.)* Why aren't you in your wheelchair, Ms. Rotti?

Ms. Rotti: *(protesting)* Well, that wouldn't be right, now, would it? I must show respect. There are certain ways one must go about such things. This is how my mother did it and this is how i must do it.

Mrs. Grantino: Oh, of course! I do apologize.

Ms. Rotti grunts something in response.

Mrs. Grantino: Where are the children, anyway?

Ms. Rotti: They're… They're … somewhere around here…

Mrs. Grantino: Of course, of course. *(There's a pause.)* I should go pay my respects.

Mrs. Grantino walks to the front of the procession until she is alongside a girl of about ten and a boy of about seven. She looks at them pitifully for a while.

Mrs. Grantino: *(softly)* How are you two doing?

Little girl: Eh?

Mrs. Grantino: Are you alright? Oh, what am i saying, of course you aren't. Oh, my poor little children. I am so sorry for your loss.

Little girl: *(mildly puzzled)* Our loss?

Mrs. Grantino: Well, yes… Oh, you must be in shock, you poor child. How is the little one, dear?

Little boy: I'm hungry.

Mrs. Grantino gives a brief smile.

Mrs. Grantino: He's hungry… Oh, the poor child…

Mrs. Grantino takes the girl and presses her to her bosom.

Mrs. Grantino: Oh, how terrible it must be for you. And he was so young… Whatever will you do now! Oh!

She walks like this for some time, half dragging the girl behind her. They walk in silence for a while, save for Mrs. Grantino's sighing.

Little boy: Mrs., how far is it to the cemetery?

Mrs. Grantino: Oh, you poor child, i see you are trying to hold the tears in until the burial. Oh, do not strain yourself, my dear boy, i can see the sadness in your eyes. No one will think any less of you if you cry now. It's ok… It's ok…

Now, she presses him against her bosom.

Mrs. Grantino: Oh, there's Ms. Amirotti.

She thrusts the boy away from her and hurries to meet a woman in her forties on the other side of the procession. She's crying.

Mrs. Grantino: Hello, dear. Oh, it has hit you hard, hasn't it? Oh, the cruel world.

Ms. Amirotti: Oh, Mrs. Grantino! *(The crying makes her almost unintelligible.)* Omh, bshhe was sheverything i bhad!

Mrs. Grantino: She?

Ms. Amirotti: Oh, bwe-he j-just bought our fi-hirst ca-har together, ju-st a moh-nth ago… Who will dr-ahive it now? Oh! Oh, bwho will twa-heyke me to the bh-lakes now? Who? I hve no bw-mo-oney! Oh!

Mrs. Grantino puts her arm around her.

Ms. Amirotti: Bw-ah-and the ca-ha-rpet! Bwe ju-hust bought i-hit. Oh! Bshhe was bso yu-hung. Bso yu-hung…

Mrs. Grantino just nods and shakes her head.

They walk for a while. Ms. Amirotti becomes even more unintelligible, but also quieter.

Mrs. Grantino: I'm so sorry, Ms. Amirotti, i am so very sorry.

They walk for a while.

Mrs. Grantino: I must go check on Ms. Rotti now, she is not in her wheelchair, you know.

Ms. Amirotti mumbles something in response, still crying.

Mrs. Grantino returns to the back of the procession. Mr. Frowello is now holding Ms. Rotti under her arms, almost carrying her. It still takes great effort for her to walk. They are a lot farther down the procession now than they were at the beginning.

Mr. Frowello: *(now panting himself)* Hello there.

Mrs. Grantino: Oh, you should see them. The family is in pieces. Oh, it's so sad, Mr. Frowello… How are you managing, Ms. Rotti?

Ms. Rotti: I'm… My legs…

Mr. Frowello is carrying her whole weight at this point, her feet mostly just dragging on the ground.

Ms. Rotti: I… Come … come a bit closer, Mrs. … Grantino. Come to my side … so i can hear you better.

Mrs. Grantino moves closer.

Ms. Rotti: *(whispering in her ear)* Do you think i'm next?

Mrs. Grantino: Oh! Ms. Rotti! Don't say such things!

Ms. Rotti: Now, now, i'm nearly eighty too. And i have the same thing he had.

Mrs. Grantino: You mean *(lowering her voice)* syphilis?

Ms. Rotti: Ye… No, no, diab … diabetes.

Mrs. Grantino: *(puzzled)* Oh, i… I didn't know…

Ms. Rotti: Oh, it makes you like soup. Like soup … and then the coma… Oh, i prayed at his bedside every evening when he fell into the coma… Oh, what if i am next…

Mrs. Grantino: Oh, don't say things like that, Ms. Rotti! You are so vibrant, look how vibrant you are! You will live to be a hundred, like Old Joe, you know?

Ms. Rotti: *(doubtfully)* Yes, perhaps…

Mrs. Grantino loses interest in Ms. Rotti and turns to Mr. Frowello.

Mrs. Grantino: Was that penicillin his wife was giving him when i came to visit last week?

Mr. Frowello: No. Iressa pills.

A voice comes from behind.

Moses: For god's sake, Ms. Rotti, why don't you have your wheelchair with you? We'll soon need another coffin if you keep going on like this.

Mrs. Grantino and Mr. Frowello turn around. It's Moses Mencon. They give him a judging look.

Mrs. Grantino: Shush, you!

Moses: Well, can't you hear her? She won't be able to go on much longer. Why don't you just rest for a minute, Ms. Rotti?

Ms. Rotti: No! I must do this properly. *She's still panting. This is how it's done! I must…*

Moses: You're just like the rest of them. Why? Why are you doing this to yourself? What is the point?

Mrs. Grantino: The point, Moses, is tradition! The point is showing respect to something more important than you! The point is being a good person!

Ms. Rotti collapses to the ground. The procession stops. The people look sleepily at what looks like a pile of clothes on the ground, but stay in their places.

Mrs. Grantino: Oh! Is she dead?

Mr. Frowello kneels down and takes her pulse.

Mr. Frowello: Yes.

Mrs. Grantino: Oh! Oh, lord, what a sad, sad day this is!

Mrs. Grantino kneels beside the body and wails dramatically, but with no tears.

All others stare at the scene for some time.

Mr. Frowello: Well… We'll pick her up on the way back. *(He pauses for any objections.)* The procession must go on.

The others silently agree. They continue walking.

Moses remains standing beside the body, staring at it. The procession moves on. Moses stares at the body for some time.

He kneels down and lays his head on the woman's chest to check for pulse again. He feels something in her breast pocket. Insulin and a syringe. The pharmacist wrote Mrs. Grantino's name wrong. It says: E. Grancino.

Moses smiles despondently and says to himself: E. Grancino…

He takes the syringe and draws the insulin out of the bottle. Tears start running down his face. He stands up. He stands for a moment and cries. He inserts the needle in his neck and presses the plunger. He falls down on the dead body.

THE BANE OF LONE

Lone was never a particularly healthy child. He had at least two brushes with death in his ten-year-long life, both of them quite peculiar in nature. The first time was when he was seven. He was at school, eating his lunch, when he suddenly began vomiting violently. Gallons and gallons of vomit. The doctors were clueless. None of them could explain what was happening or account for the strange, orange-red colour of the vomit. Lone literally shrunk and was very close to dying of dehydration when – all of a sudden – it just stopped. The second time was a year ago. His head was smashed in with a bowling ball. To this day, none of us know how it happened – no one saw anyone throw the bowling ball. All his mother Gera saw, upon rushing to see what the crashing sound was, was Lone, lying on the floor in a pool of blood, his head cracked open. Both times, he had lost his sight for several months. Lone, however, was a very stoical boy. As soon as he could see again, he would carry on as if nothing had happened. No shame, no remorse, no self-pity. He simply went on with life. Gera thought this was very mature of him, whereas everybody else dismissed it as simply being strange.

She trusted him completely and knew he could survive anything. But this time, it was different.

Gera is sitting beside Lone on the hospital bed, trying to exude a feeling of unconcern. Lone is as cheerful as ever, unskilfully trying to rotate the Baoding balls with his good hand.

Lone: Mom, you're gonna have to get me a left-handed bow now.

Gera: Honey, it's not certain you'll lose your arm yet. *(She lies.)* The doctor said…

Lone: …and i'll have to learn how to write with it, and draw and paint and catch frogs…

Gera: Lone…

Lone: What?

Gera: The doctor said it's not certain that you'll lose your arm…

Lone: *(grinning widely)* Of course i will, mom.

Aunt Candice enters the room. Gera's grateful for the distraction.

Candice: My poor child!

Gera makes a "quit it!" gesture. Candice, as always, handles the situation terribly.

Candice: Lone, you're so brave, so brave!

Lone: Hi, aunt Candice.

Candice sits down on the chair next to the bed.

Candice *(in a pitying voice)***:** Does it hurt?

Lone: Yes.

Candice: I brought you a gift.

She ruffles around in her "big bag of silly stuff", as Lone and Gera like to call it, pulls out a toy bunny and presents it enthusiastically.

Gera: Candice!

Candice: What?

Gera: He's ten years old!

Candice: Oh, come on, who doesn't like bunnies? You like your bunny, don't you, Lone?

Lone: No.

Candice: Lone! Gera, tell him he can't say that to people!

Gera: I told you…

Candice: What's wrong with you two, how can you be so calm at a time like this?

Gera gives her a "don't start" look. Lone goes back to playing with his Baoding balls. They sit quietly for some time, Candice sulking.

Candice: Well, i'm going out for a… *(she mimes cigarette smoking).* You wanna join me?

She looks at Gera, Gera looks at Lone.

Gera: You'll be ok?

Lone: Sure.

She stares at him for an instant to check his sincerity, then stands up to leave the room.

Candice is smoking before they're even outside the building.

Candice: Fuck, Gera, why do you always have to be so blunt? What he needs now is love and support.

Gera lights her own cigarette.

Gera: I'm giving him support, don't be a bitch. And you know what he's like. He won't take shit from no one. I thought you said you respected that about him.

Candice: I did! I do! It's just…

Gera: What?

Candice: *(starting to cry)* Why do these things happen to people like him? Why does he get so sick? I mean, some people do nothing in their life, nothing… Why is it always people like him that have to die?

Gera: He's not dying! Fuck, Candice, what are you trying to do to me?

Candice: Yeah, i know… Ok, well, why does he have to lose his arm? What about his tennis practice, his writing, his drawing, his painting, his archery, his fencing, his…

Gera: Calm the fuck down. I know. I'm aware of all that. But he kinda… He seems to be ok with it.

Candice: How can he be ok with it? Oh, come on, Gera, he's ten years old! He's just saying those things to make YOU feel better.

Gera: *(looking into the distance)* I don't think he is… I think he means it.

Candice: Oh, what's the point?

She nervously puts out her cigarette on the bottom of her shoe and drops it on the floor.

Candice: I have to go. I'm meeting Guuuulliver! Wish me luck.

Gera: *(still staring into the distance)* Good luck.

Candice walks away. Gera finishes her cigarette and returns to Lone's room.

Lone is sleeping. She sits on the chair next to the bed and strokes his hair.

Gera: *(thinking to herself)* Fuck, he's beautiful. I know i'm biased, but he truly is the most beautiful human being i have ever seen. He's angelic. His skin hasn't changed since he was a baby, it's almost unnaturally soft. And his hair is always messed up, but never seems messy.

Mark enters the room and mimes a silent "hi!" with his mouth. He approaches Gera and kisses her on the forehead. He sits next to her and joins her in watching Lone as he sleeps. He smiles at the sweater he got him, which Lone has put over his hospital pyjamas. The sweater says: "Fear the lion".

Mark: *(whispering)* Our little improbability.

Gera smiles.

Mark: Have you ever told anyone?

Gera: Of course not. And even if i had, who'd believe me?

Mark: Yeah…

Gera: I mean, you know, i read things like these can happen…

Mark: No, they can't. It's impossible and you know it. You can't produce eggs without your ovaries, you just can't.

Gera agrees silently.

They both remember the incessant phone calls from doctors, journalists and religious fanatics and their outlandish theories explaining Lone's conception. They both shudder at the thought. Gera tries to ease the tense atmosphere.

Gera: Maybe it was the fact that we went to a finer hotel than usual.

Mark laughs quietly.

Mark: Or the ethanol fire in that weird-looking fireplace.

They both laugh.

It's the next day. Lone's doctor, Dr. Kent, enters the room.

Lone: Hey, doc!

Lone presents his jovial grin.

Dr. Kent: Hey, Lone.

The doctor smiles briefly and sits on the chair next to Lone's bed. He begins examining Lone's arm.

Dr. Kent: So, does it still hurt?

Lone: *(with a smile)* Yes.

Dr. Kent: Your mom told me you wanted me to explain to you exactly what is wrong with your arm.

Lone: Yes.

The doctor sighs gently and looks out the window.

Dr. Kent: You remember the hambenignus cells we found in your arm last week?

Lone: Yes.

Dr. Kent: And how i told you how special you were for being the only person to ever have these cells?

Lone: Mhm.

Dr. Kent: Well, these cells … you see, these cells are… They are eating the other cells in your arm… Now, until now, this wasn't a problem, because they ate slowly enough for the body to produce new ones. You understand?

Lone nods.

Dr. Kent: And that's why we didn't tell you about this, you see… But in the last couple of days, their number has increased a lot… And since this happened so quickly, there was no way of stopping it.

The doctor pauses and looks Lone in the eye for the first time since he began to speak. Lone is listening diligently.

Dr. Kent: Now, we have to keep these cells from spreading to any other part of your body. So…

Lone: So, you'll take off my arm.

Dr. Kent: Um, yes.

Lone: Will it hurt?

Dr. Kent: Um, no, you will be under anaesthesia.

Lone: Aha.

Lone looks down at his lap and contemplates. The doctor is in agony, but tries to hide it by going through his pockets.

Dr. Kent: *(thinking to himself)* Why doesn't my beeper go off now, for fuck's sake?

It's the next day. The operation is done. Lone begins to wake up. He sees blurry images of people surrounding his bed.

Gera: *(with a trembling voice)* Lone?

Lone: Whaaa… I'm… I can't…

Dr. Kent: He will be a bit disoriented for an hour or so. This is normal after an operation.

It takes several minutes for Lone to come to.

Lone: I feel sick. *Still a bit out of it.*

Only Gera is in the room with him now.

Gera: Yes, honey, Doctor Kent says it's normal. Would you like some tea?

Lone: No. It's gross.

Gera: How … how are you feeling?

She's trying not to look at his stump.

Lone: I'm ok.

He looks at his stump. Gera holds in her tears. Lone moves his stump around.

Lone: Ouch! *(He smiles.)* It looks funny.

Gera: *(smiling a sad smile)* It looks fine, honey.

Lone inspects his stump with his hand for a while.

Lone: Can i go play now?

Gera: Um, honey, you have to rest.

Lone: How long?

Gera: Well … a couple of…

Lone starts getting out of his bed.

Lone: Whoa, i'm dizzy.

He smiles and grabs the side of his bed. Gera rushes to his side and grabs him.

Gera: You ok?

Lone: Yeah.

Lone points at the primroses in the grass outside.

Lone: I want to make the sound. Can we?

Gera: We shouldn't…

She helps him walk outside. Lone sits down on the grass with some difficulty and picks a primrose with his hand, smiling.

Gera looks at him for a while, then sits down next to him and lights a cigarette. Lone starts blowing into the primrose, clearly amused by the result. Gera laughs. They sit for a while, both immersed in the moment.

Lone: Mom, do you think they'll ever really understand?

Gera: *(smiling)* Maybe in another life.